治療和預防白內症 的科學研究

盧遂顯博士

Dr. Shui-Yin Lo

量子健康研究所

美商EHGBooks微出版公司

www.EHGBooks.com

EHG Books 公司出版

Amazon.com 總經銷

2021 年版權美國登記

未經授權不許翻印全文或部分

及翻譯為其他語言或文字

2021 年 EHGBooks 第一版

ISBN-13：978-1-64784-087-7

目錄

第一章　引言

　　我們在量子健康研究中心的團隊，多年来研究固態水粒子（又名穩定水團）和健康的关系。最近我們特別研究固態水粒子對被診斷為自閉症譜系障礙（ASD）的小孩和青少年們的健康影響。

　　自閉症孩子的病情，對家長而言，往往是花費不計其數的金錢和精力，甚至傾家蕩產，精神耗盡，對他個人及家庭的感情、社交和經濟產生巨大負面影響。我們研究過程中，遇到不少勇敢、有愛心、富犧牲精神的家長們，為他們的治療背負沈重債務。年紀較大的自閉症爸媽更常覺得孤零，因為專家們已經告訴他們，很難有改善和復原的希望。但是我們的研究指出在任何年紀也許都有改善可能。

　　固態水粒子是纯水，不是药，因此没有副作用。喝固態水粒子能增加一個人自我治療的能力，包括患自閉症的小孩。

　　我們的研究對象有百多人，我們希望能達到一千人以上，這是本書的主要目的。希望能使更多人知道我們的研究，而要做為研究對象很容易，可以不必拍紅外線圖像，只需在喝固態水粒子的同时，定期填寫一份調查表格。調查报表將統一，收集整理，制造成統一圖表和分析報告，除供志愿者了自己的了解和掌握以外，還可以不記名分享资料，利己利人。敬请與本書作者，或與美國量子健康所联系，电话：　626-701-5890，电邮　ideaclinic@yahoo.com

第二章　了解自閉症

一、問：什麼是自閉症？能治好吗？

答：美國精神病學會把自閉症定義為,在兒童時神經發展障礙的病，自閉症小孩跟同輩的朋友或大人都不願意交往，語言有問題，動作重復刻板，學習也不好，和同年小孩有差異，智力也比較差。從西醫的角度，至今還沒找到治療自閉症的葯，所以一定要等到發明一種藥才能治療，才有希望。但是從中醫和我多年研究的角度看，自閉症是完全可能可以治好的。

二、問：形成自閉症的成因是什麼？

答：全世界对自閉症成因的研究仍很初步，不能全面和準確知道成因是什麼，大概和基因，特別和環境污染有関係。上個世紀 90 年代，美國的統計是一千個中会有兩個。最近 2012 年美國的統計 68 個兒童中有一個，增加了不止 7 倍。我们说基因在幾十年來沒有改變，改變的是環境，是环境的污染在增加，譬如就現在我們穿的衣服、新的顏料、地毯都有不同的毒素。對我們大部分人沒什麼問題，但對某些小孩、嬰兒和孕婦就很重要。環境污染主要是從空氣、水、食物、皮膚接觸得來的，譬如說美國自閉症最多的州是新澤西州，大家都歸咎于二十世紀初那邊的石油公司大肆生產石油，所有污染直接排到地下，那時大家都不懂，沒有規矩，所以新澤西州的自閉症兒童百分比特別高。

三、問：孕婦懷孕時間吸收環境中的毒素使胎兒有機會患上症狀嗎？

答：我們尚不能確定，但大家公認：孕婦懷孕期的情況期對胎兒影響是深大的。加州理工學院的教授 Paul Patterson，我跟他合作用老鼠做實驗，（易解剖觀察和分析），當老鼠媽媽在受孕的某一個時間裏面有太多免疫能力，就會直接影響胎兒，出來的結果是老鼠嬰兒有 40%患自閉症症狀。所以懷孕的時候最好什麼藥都別吃，或者什麼病都沒有。

四、問：是任何人都有機會患自閉症嗎？

答：不是。通常自閉症是從小孩開始的，我們的看法是兩三歲行為比較穩定時，就可測量出是不是有自閉症。有的大人有自閉症，是從小孩時候就有。自閉症不是傳染病，也不是因精神受到打擊而產生。

五、問：是男孩比女孩較容易患上自閉症嗎？

答：是的。男孩和女孩患病的比例是 4：1。

六、問：自閉症一般有什麼症狀？

答：簡單來說大約可以從十方面来觀察，第一是挑食。第二是便尿不正常。第三是行動比較刻板重覆，譬如一直點頭，動手刻板且不停地動。第四是睡眠的質量不好。第五溝通情況不佳，有時候只願意跟媽媽溝通，不怎麼願意聽大人指令，他要走就走，要動就動。第六語言表達水平低，有的根本不說話。第七是非語言的表達能力，譬如說眼睛和他人沒有交流，不看人，臉部表情刻板。第八，與同年人交往困難，這個是大家經常在網上看到的。第九，注意力集中的時間比較短。第十，學習能力較差，嚴重的必須进學校開的特別班。

七、問：自閉症是不治之症？有機會完全復原？

答：從西醫角度來説，還沒找到治療自閉症的藥，沒有藥，等於沒有可能康復。正統西醫認爲，自閉症是神經系統發展不正常，神經系統主要是指腦部，所以他們集中精力在腦袋和行爲上的治療，比如话説得不好，就用語言技巧輔導，不會做做東西，就教他們怎麽做。我認為，必須先把根本原因找出來，比如中醫認為，腦部是沒有自己的經絡，只有六條陽經和督脈經過，六條陽經是大腸經，小腸經，三焦經，膽經，膀胱經和胃經，所以要把自閉症治好，就必须要把督脈和六條經絡疏通，讓氣血流暢，就有可能治好自閉症。

八、問：有沒有科學的方法處理自閉症吗？

答：如果小心的話，所谓凡葯都有三分毒。沒有毒的中醫治療就是以針灸来提升自我強大的自愈和免疫力。但是小孩通常怕痛，而且每天用針灸治療在时间和價錢不菲。因此如果饮用我用量子场論計算發現研制的高科技固態粒子水取代，就能产生安全又到位的仿体内针灸效果，固態水粒子就是經絡組成的粒子。喝固態水粒子就能安全到位的，等於体内針灸，能疏通經絡，氣血暢通。提高自体強大的自愈和免疫力，间接达到預防治療自閉症的效果。

九、問：在你發表的文章和著作中，強調自閉症不單只是腦部，其它身體也有問題？

答：我們用紅外綫儀器拍小孩全身體表熱像圖，表面體溫呈現高的地方就表示發炎。我們再从中發現患者不止腦部皮肤呈现较热，身體其它部位，如胃經、督脈等地方也都有問題。请参考下面的熱像圖 2.1 。

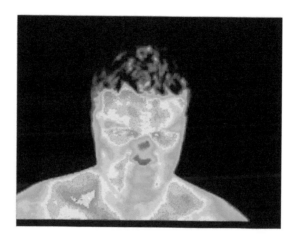

圖 2.1：面部。18 歲雙胞胎患自閉症的男孩，很明顯上額發熱呈紅色（白色最熱，紅色其次，再來是黃、藍，黑最冷，綠色表示正常溫度），表示前腦有問題，符合一般研究者及西方的想法。但在面部鼻子右邊往下走呈現的一條紅線是胃經，表明該雙胞胎消化系統也有問題。

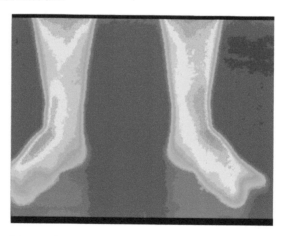

圖 2.2：左右腳都有發热的紅線，就是胃經在發熱。

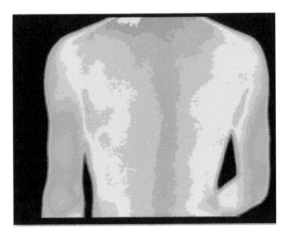

圖 2.3：背脊督脈呈現一條粗紅線，表明督脈也在發熱。

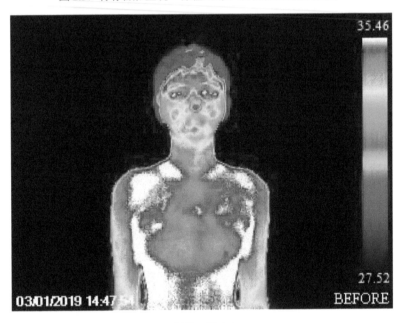

上面：图 2.4

　　13 岁 自閉症小孩，上額發热呈红色，像其他自閉症患者脑部都有问题，但同时可以看到，在他的眼部也呈現發炎白色，颈侧缺盆穴甲狀腺，肩下兩傍的肺经云门穴，也都發炎呈白色，都有问题。

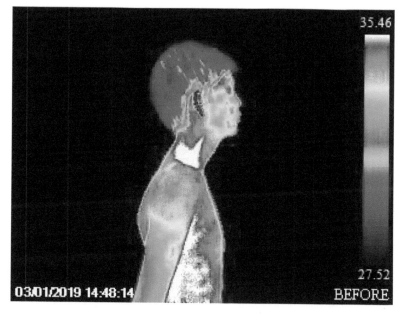

上图 2.5，他的右颈旁小肠经發炎呈白色，小肠难吸收营养，因此体轻而瘦。

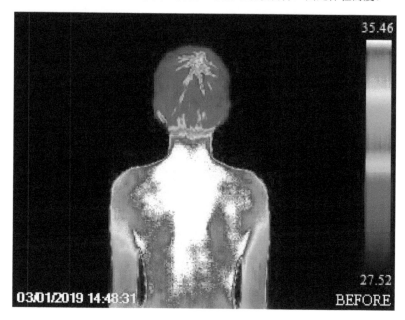

上图 2.6，背部白色發炎，可见督脉及膀胱经都有问题。

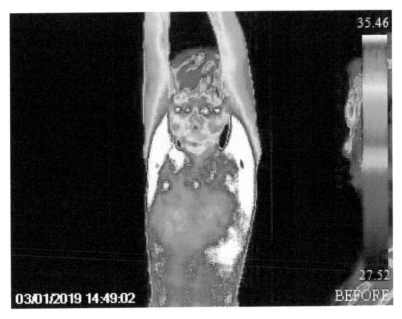

上图 2.7，腋下极泉穴呈大白色發炎状，表示 免疫能力过强。

十、问：自閉症问题严重吗？

答：相当严重。美國政府疾病控制和預防中心估計美國自閉症兒童的比例从 2000 年的 150 個有一個（1/150），到 2010 年已经上升到 68 個兒童有一個（1/68），一共增加了 119.4％约一倍多。2014 年美國公民花費了 $2360-$2620 億，共同去照顾這個社会问题。如果繼續增加，七年後加倍，十四年後成四倍，就是說到 2028 年，美國公民會花一兆元在自閉症上的经费，对政府或纳税人来说，都是构成一個個巨大的费用。

（鳳凰台電視訪問改編）

第三章　经络是由固態水粒子组成的

　　我是一個量子理論物理學家，在全球各地演說，並創立了《量子健康研究中心》，這是一個非营利的機構，量子健康研究中心的主要任務是研究固態水分子和健康的關係。我們已经拍过数万多张熱像圖，我們發現一批又一批熱像圖裡出現的熱線和熱點，都和傳統的經絡和穴位位置一樣。因此足以把西方的現代科學和中國古代的技術結合在一起来研究。

一、經絡的迷思

　　一直是西方人士和部份中國人的迷思，我对它的定义：经络是分布在人体一個網絡，它把身體各部分聯結成為一個龐大的系統，把氣（或稱生物能）帶到身體的每一個角落。西方主導的科學界，醫學界，健康保險公司因為不了解，都不太願意接受經絡穴位和按經絡穴位而發展的中醫治療，例如針灸和指壓等。我希望這些珍貴的圖片能改變他們的认识。當經絡被西方科學醫學接受後，中醫就不至於僅能事後集中力量看病，而能改為事前預防和早期治療了

　　有一些就算已經用經絡理論來治病的醫生，也說經絡沒有物質的基礎，例如：「經絡是體質能量的通道，有如一棟房子的電線或動靜脈的血管輸送血液一樣，但是經絡沒有肯定的物質結構存在」，「根據傳統中醫，氣在人體流通，流通管道就是經絡。在解剖學上看不到其存在，有些研究則認為「氣是傳遞信息的一種，經過皮下組織進行的」。但是量子健康中心使用独家结合经络学专利软件的紅外線仪拍到的照片，卻令我們间接证明經絡的確存在。我們甚至還發現經絡是由固態水粒子組成

的，“氣”主要就是在固態水粒子上的能量振動，如果經絡堵塞，氣不通就會生病。這些論据都可通過熱像圖表面體溫看到經絡的呈現和其变化

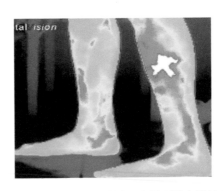

（圖 3.1）：是以醫療級的紅外線照相機拍攝，專門測量身體的表面溫度。控制照相機的軟件，就能把溫度的差別設計為顏色的辩识差異，比如以白色是最熱，表示有嚴重發炎，紅色次熱，再其次是黃色、代表健康的是綠色，藍、黑是溫度过低，有時或是頭髮或衣服阻止紅外線從皮膚的熱達到鏡頭，或者是更重要，皮膚真是很冷，血液不能輸送營養，显示也有健康的問題。

用我们独家经络软件结合紅外線仪拍的照片來研究經絡，圖片中表面體溫較熱的地方，如上面的熱像圖左腳外面紅色和白色的區域就是膽經。也就是測試者膽經有問題。读者要深入要瞭解上列圖片和經絡的關系，就需要明白多一點我們用來研究的方法，而要明白我們的方法你也多须瞭解我們的背景和我怎樣開始研究固態水粒子、經絡、氣和健康。這一西列问题的因緣所在。

二、以量子场论进行中醫量子化：

我出生於中國廣州市，1949 年，八岁时，我們舉家遷移到香港，当时香港是英國殖民地，受英國統治，人們承受的文化背景，不用说是中西兩极的文。更遑論中國文化，也有古代和現代的，保守和革命的，复杂交织，另一方面是英國人帶來差異極大的西方文化，。青年时期的我已經意识到我的使命就是

必须结合东西方文化，才能使民族翻身，不被欺凌，造福人类。對我來說，西方文化的最高點是物理。我的科學和數學都很好，而且有最好的老師，因為在当時有許多来自中國最好的大學數學、物理、哲學、中文、歷史老師遷移到香港后。沒有辦法找到大學工作，也就委身而成為我們的中學老師。

在努力學習下和貴人的帮忙，我在芝加哥大學研究院修習完成理論粒子物理博士學位，其后我都在教授研究理論物理，主要執教在澳大利亞的墨爾本大學。忙著完全融入主流西方的科學和照顾家庭，一时還未看到怎樣結合東方的哲學和量子物理的道路。在 40 歲后，我開始顯得容易疲倦，覺得需要注意健身。因此才回想起香港長大時候，看到社會上有各式各樣的鍛練，其中有一種氣功，是結合運動、呼吸和意念來打通經絡，增強臟腑，得到更好的健康，這正是我需要的，於是我立即报名加入氣功班。

我的氣功師傅是一個很好的女教练，我是一個學而不倦的好學生。有一天她语重心长的交待就是要我把氣的科學原理找出來，在二十世紀 80 年代有大量實驗證據說明氣功能改善健康，但是沒有科學理論來解釋。當我不斷練習氣功，健康也不斷改善，我已經毫無疑問的知道氣功有效，而其效果是因為氣能全身流通，但還是我不知怎樣去解釋和客觀定性定量證明气功的效用。

2000 年我退休了，開始有時間思考氣功老師給我的任務，因為她知道我是物理學家所以要我解釋氣功，一個量子物理學家每天都在和量子打交道，量子是能量最小而能獨立存在的单元，量子世界是眼睛看不到，只能用數學和實驗來證明，我突然覺得 "氣" 應該屬於量子和理論物理的範疇，因此我非常興奮的用量子物理研究氣，像很多科學研究，必定有困難，但只要契而不舍的努力，分析 也就找到了答案。

中醫相信氣是在經絡上流通，所以一個最合理的假設应该是經絡系統存在，而氣在經絡上流通是否順暢就会影響一個人的健康，但是具體的情況又怎樣？這還是需要多年的思索和實驗。在某一機會里，我對水感到興趣，我們每一個人對水都很熟悉，但是需要用量子物理來解釋確實很複雜，最後我很大胆的將我對於水、經絡和氣融合成為一個簡單但却非常重要的假設。

我对經絡的假設：經絡是由特別穩定的固態水粒子組成。在健康情況下固態水粒子（也稱穩定水團，IE 晶體），形成一條直線，氣就是在固態水粒子上的振動波，氣能在經絡中流通無阻，才能造成一個人的健康。

三、用独家创立经络软件结合紅外線仪來看經絡：

當我在思考氣、固態水粒子和經絡时，我看到幾篇研究文章說明，当氣功師用手發氣的同時，紅外線会從他們手掌發出來。同時我又看到報導提到軍方正開放极為高端紅外線照相機的技術給民间使用，对我正在研究经络，那真太及时了。

紅外線相機不会放出任何光線，它只能記錄皮膚的溫度。那皮膚表面的溫度怎樣能透析內部臟腑的信息呢？在經絡學就有一個簡單的答案：內氣需要流動不能停留在內臟裏，經絡就是让氣得以流通的道路。中醫學說，胃經不只是在胃內，而且能在身體其他部分也看到。如果你想知道大腸的情況，就要看口上的紅線（見下面討論大腸經的部分），在我們研究中，如果病人大腸有問題，那麼我們必然會在口上面大腸經位置上看到有熱線，雖然紅外線只能測量表面溫度，不能直接測量內臟的溫度。但是經絡和內部健康的聯繫，依旧可以經過經絡的紅外線溫度測量而得到間接證實。我認定了一部最新，有高分辩力的紅外線相机能幫助表达喝固體粒子水能對身體有所改變的証明。

我們研究的步驟是：首先為人們拍一套全身 13 张紅外線圖像，每张图像有一万点温度数据，然後讓志愿者喝含有固態水粒子的水 2 安士（60ml）。十五分鐘以後再拍另一套 13 张紅外線圖像。做喝固態水之前和之後的對比，看到溫度改變，不論變熱變冷，也就表示是固態水粒子修補經絡的結果。

我特別強調固態水粒子是我們研究的重點。我早期出版的書《針灸和健康的生物物理學基礎》這本書已经證明經絡和穴位的存在。如果你不熟經絡理論，可参考下面簡短的解释。

四、經絡到底是什麼？

在傳統中醫學说上，陰陽是一個最基本的概念。其在宇宙萬物中都是關鍵理論，在人體裏，陰陽平衡身體的盛衰，溫度，內臟。經絡也分成陰和陽兩類，任脈是聯繫所有陰經、肺經、心經、心包經、脾經、腎經、肝經。督脈聯繫所有陽經、大陽經、小陽經、胃經、膀胱經、膽經和三焦經。傳統的經絡理論，每一條經都在身體某幾個地方接近表面。例如腎經由腳底湧泉穴（KI1）開始到腳內側旁邊，在腳裸打一個圓圈。然後腿內與脾經相會於三陰交穴位（SP6）。在中醫醫學理論中，病不單只是臟腑而是與經絡息息相關，這些經絡肉眼看不見，顯微鏡下也看不見。在這本書，透过紅外线仪的展示，每一條經我都只選出最明顯和最容易看到的部分来说明。紅外圖像和傳統經絡在人體的位置是吻合的，例如胃經在人臉上有明顯線條，我們已经拍了一萬張紅外圖像，並讓它們與傳統的經絡比較。我們建立了一個《熱經絡圖》，比傳統的經絡圖簡單得多，也比較容易學習。我們的研究集中在 7 條經絡、督脈、胃經、膀胱經、膽經、小腸經、大腸經、和三焦經上。每一條經絡有三個圖，首先右邊有傳統的經絡圖，然後中間是熱經絡圖。其次左邊是人的紅外線圖像。下面幾章的例子都是喝固態水之前和喝固態水 15 分鐘後的熱像圖，圖像的改變，驗證了喝固態水對人体健康的影響。

督脈（圖 3.2）：

| 針灸模型 | 熱經絡圖 | 紅外像圖 |

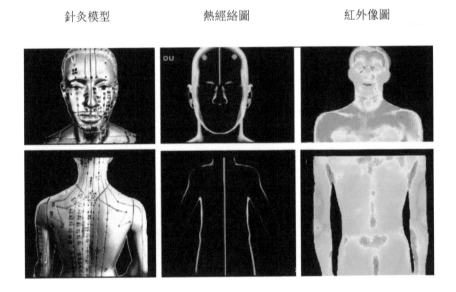

　　熱像圖能看到的督脈是從兩眼中間開始，直上前額中間，經過頭頂，然後由後頸下降到脊髓，一直到尾龍骨。

（*免責聲明：量子健康研究中心不診斷，不治療任何疾病。所有解釋都是有科學價值，固態水已經美國聯邦藥物局報備六個无毒饮用的測試。）

胃經（圖3.3）：

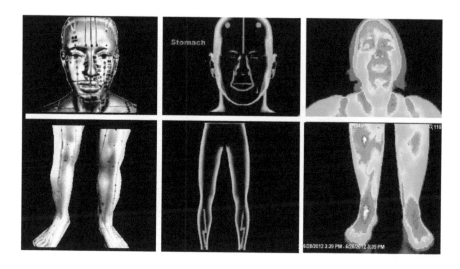

　　胃經從眼下開始，往下經過臉頰到口角，然後回到口部下顎一條，然後往下走到腳，由腳的前面直下到第二第三個腳趾。在我們熱經絡模型上的胃經是斜斜的由鼻側到口部兩側，而不是像傳統的針灸圖是垂直從眼下向下走。

膀胱經（圖3.4）：

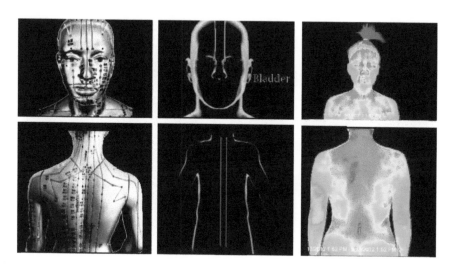

　　膀胱經是由眼的內角睛明穴（BL1）開始。在熱經絡圖中，表現為由兩點紅的睛明穴開始往上直到前額兩條紅線，由頭頂通過，向下走到背脊兩旁，直到臀部為止，通常我們只看到上背的兩條紅線。

小腸經（圖3.5）：

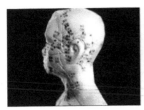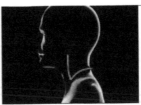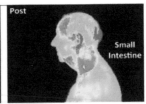

　　小腸經由耳朵前面（耳朵接觸到外面冷的空氣，故此較冷，通常表現為藍色）向下到頸，然後在頸側從前向後走。

大腸經（圖3.6）：

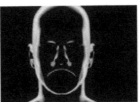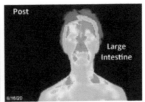

　　大腸經由食指側開始經手臂，肩膊到面部，而止於鼻下左右兩端的迎香穴。在口上的紅線就是大腸經的表現。

三焦經（圖3.7）：

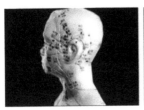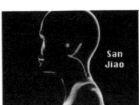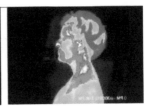

　　三焦經源於手指而往肩部到頸直到耳旁，在耳朵的後方上面繞圈到耳前面的耳門而直到上額邊。最明顯是耳中間的耳門穴，呈白熱點，在頸上則表現為在耳下垂直線到肩的紅線。

第四章　自閉症和固態水粒子的关系

過去二十年我們研究常溫常壓下不溶解的固態狀態的水粒子，主要分為三方面。首先是探討人體內有一基本電路網絡能聯繫身體各部位，使各部內臟、組織，甚至每個細胞都能互通信息和能量。在中醫裡這些電路網絡主要稱為經絡，我肯定固態水粒子就是經絡構成的主要成分。第二個目的是找尋證明我的假設的證據：當電路網絡有障礙，信息不通便會發熱，身體便有病痛。第三方面是找尋證明當飲用或皮膚吸收固態水粒子後，電路網絡（經絡）便會修復，暢通無阻，健康得以復元的證據。

也就是说固態水粒子是我工作的·主目标，解釋如下。

一、固態水粒子的研究

研究固態水粒子（solid water particle，或 stable water clusters）的存在、作用和產生是我物理學者的主要任務。過程很複雜，歷經二十幾年的時間，不是三言兩語說得清。要研究新粒子，必須有假設、數學計算和具體實驗儀器和量度。我們在這做極簡單的解釋：固態水粒子是怎樣能使經絡有效地傳遞信息和能量到身體每一個部分呢？當一個人病了，經絡中的固態水粒子不順序，經絡被堵塞，氣就不通（如下圖），在紅外線圖上便顯現為白，红色的高溫度。

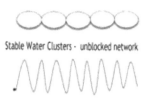

Unstable Water Molecules · blocked network

Stable Water Clusters · unblocked network

在经络上的固態水粒子排列不順序　　　　　在經絡上的固態水粒子排列有序

經絡被堵塞，"氣"不暢通　　　　　　　　　　"氣"暢通無阻

　　經過多次實驗，我得出初步結論：喝了固態水粒子能使經絡不堵塞，水粒子排列得更好，氣血流通，身體變得更健康。此外，我們把含有固態水粒子的膏敷在皮膚上或直接霧化吸入口鼻，也都有一定良好的效果。

二、用紅外線圖证明固態水粒子能改善健康

　　当時我需要一個辦法來迅速證明固態水粒子對健康的作用。前面我提过，剛好我看到一篇文章說：本來用在軍事上的紅外線相機轉向民用了。紅外線圖是一種非侵入性的技術，能把身體表面每一點的溫度轉換為顏色，使人一目瞭然。哪裏溫度較高發熱，哪裏溫度較低。在健康上，紅外線圖已經被認可能診斷乳癌的方法，因為發炎和有腫瘤的地方，新陳代謝較快，溫度較熱，在紅外線圖上很容易看出來。從设计一個以经络為主的软件，再與紅外線相機配合作体檢，直到如今，量子健康研究所拍了萬多張照片，证明了解固態水粒子能改善健康。我們請客户填表，首先，我們將表中健康問題和紅外線照片上的高溫的地方和發炎的地方相比較，發現高度吻合。其次用紅外線圖來看出健康問題，即使客户沒有回答，我們看的圖像越多，越有信心看出问题所在。在我們測試中，孩童不會表達自己的感覺，用圖像看出問題的功能便特別有用。第三種用途，便是

用圖像來說明固態水粒子的健康效果。喝固態水之前與之後，圖像的變化可充分比較出來。图像是客觀的，每张图像超过万点的数据，每点的温度都是定量的，以之证实客户的填表中，主觀表達出喝固態水的益處。

三、 自閉症兒童的紅外体检摘要

大部分兒童參加我們的試驗，是聽其他受訪者的相傳而來，家長們帶著已經被測定為自閉症的孩子們一起來參加。随着近三十年来漫长的研究和高科技红外图像的协助，做出伟大的贡献。

首先我們拍一套全身 13 张照片，然後讓他們喝一小杯定量的固態水，同時用固態水粒子的膏敷在額頭，兩耳側和鎖骨上。十五分鐘後，我們拍另外一套照片。我們可以立即比較之前和之後的圖片。紅外線圖中我們設計的顏色以區別溫度，白色最熱，其次紅色，黃色，綠色，藍色，黑色是最冷的。我們通常以綠色為正常溫度，最高和最低溫相差 10℃，發炎最利害的白色為最高溫，比健康的綠色高 30 C，其次紅色比綠色高 20 C，黃色比綠色高 10 C，紅色可分出深紅、中紅、淺紅，三種。 看到顏色差異，便是約有 0.3℃的差別。人體皮膚溫度波動約為±0.1℃；所以當我們從顏色不同看到溫差時，是遠超過波動，是有統計意義的。

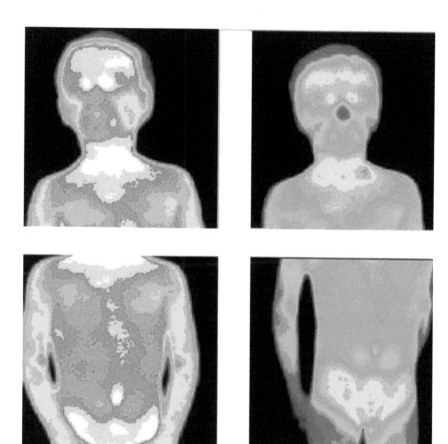

图 4.1 喝固態水之前（左图）　　　　　15 分钟之后（右图）

圖4.1是位七歲自閉症小孩。左邊兩圖是喝固態水之前，右邊兩圖是喝固態水15分鐘後拍的。即使沒有經驗的讀者亦能看出，左邊圖顯出小孩額頭，腦部和肚腹的腸部都發熱。显示喝了固態水引起極大溫度的變化。為什麼只有十五分鐘就能產生巨大溫度的變化呢？？首先，要了解腸胃和自閉症的關連。當我們蒐集許多自閉症小孩的紅外線圖案例后，便發現大多數自閉症小孩不只腦部發熱，腸胃也發熱，普通健康的小孩不會是在腦部和腸胃部同时發熱的。

同时，很多家長們也已經得出結論：他們的自閉症小孩的确是有消化問題。於是开始实施使用無麩飲食，或無酪蛋白飲食，一般稱為自閉症食譜，但效果仍不明顯。因為自閉症小孩通常很挑剔飲食。家長常常提供一些有營養的食物，但是小孩就是不願意吃。

四、自閉症患者的腦，腸胃，和其他內臟器管的關連

我這本書的所采用的圖片有力的支持自閉症患者的腦，腸胃，和其他內脏器管有關連。從中醫的角度來說，腦自己沒有一條經絡，腦部有七條經脈通過：胃經、膽經、小腸經、大腸經、三焦經、膀胱經和督脈。因此腦有問題的話，都要在這七條經上去解決。從我們拍自閉症小孩的紅外線圖上來看，熱源，熱點中很明顯地集中在胃經、小腸經、大腸經、三焦經、膀胱經和胆经，背上的紅區也許可和督脈掛鈎。因此紅外線圖的顯示，我们认定自閉症不單只是腦的問題，治療的區域除腦了之外，也必須要治療其他七條經絡。

五、徵求更多人參加实验证明

我們明白要醫學研究者與專家們相信腸胃和腦的關連，我們需要更多的体检圖記錄。本書的目的是給家長們有足夠的資料與信息讓他們的孩子參加試驗。若有一千名自閉症小孩的一萬套紅外線圖，那麼便足以證明腦和腸胃，及其他內脏的關連。我們希望能增加自閉症兒童自願參與試驗 的数目。有意者请和我 联系： 美國非营利的量子健康所，网站 www.solidwaterparticles.com ，電話： 626-701-5890，email: ideaclinic@yahoo.com

美國有一個自閉症之声《Autism speak》是一個重要的自閉症組織，它在網絡強調：「沒有任何疑惑，改善你自閉症孩子的

希望在于早期干預，早期改善自閉症的行為症狀，會使孩子和他家人受益，問題是要採取哪種早期干預。」從我們的研究相信，只採取行為上的早期干預而不涉及治療基本健康問題是無效的！我們希望更多的人參加自閉症研究，我們在本書內供給資訊和圖像使得更多的家長了解這個研究的益處，而將這個消息傳給別人知道。

六、需要家長合作的程序：

1. 由家長填上同意書和自閉症兒童健康情況表
2. 让我們先為自閉症兒童拍一套全身的紅外線圖，共 13 张。
3. 患者喝一小杯有固態水粒子的固態水，和用有固態水的膏。十五分鐘後，再拍一套全身的紅外線圖。
4. 將兩套圖片比較，觀察發炎、發熱的部位顏色溫度的改变，来证实固態水的效果。

每天繼續喝固態水和使用固態水膏，然後每四個星期寄回十個問題答案給我們就够了。

七、远程可以只喝固態書，不拍照。

有些人問：能否加入我們的研究而不到我們研究室拍照呢？答案是可以。拍照和與盧博士交談使家長更深刻了解固態水的作用。有很多人沒有拍照，就參加我們研究項目。。紅外線圖只是一個研究工具，能給父母信心，在未看到健康和行為改善前，先看到溫度改變的結果。

我們測量自閉症患者的健康和行為，有十條健康問答，是需要由自閉症兒童父母填寫的，每月遞交一次。每條問題的答案是 1 到 10，1 是非常好，2 是好，然后遞減到 10 是非常差。健康問的都是家長能看到自閉症兒童平常的行為，很容易填寫。幾個月後，就能列出健康和行為逐漸改善的記录出來。請查阅下面是十條問答（表一）及平均进步的纪录（表二）：

八、自閉症症狀家長自行評估表

兒童姓名：　　　　　出生日期：　　　　　　出生地点……

現在地址：

　　評估說明：1 代表非常好，10 代表非常差。請依據您孩子的真實情況，將數字圈選起來。

表一

症狀	非常好									非常差
1. 消化系统、吃喝、胃口、胃等。	1	2	3	4	5	6	7	8	9	10
2. 大小便	1	2	3	4	5	6	7	8	9	10
3. 行为动作、重复性、固执性、强制性等	1	2	3	4	5	6	7	8	9	10
4. 睡眠品質	1	2	3	4	5	6	7	8	9	10
5. 需求的溝通、遵循指示	1	2	3	4	5	6	7	8	9	10
6. 語言技能	1	2	3	4	5	6	7	8	9	10
7. 非语言交流：眼神交流, 脸部表情, 姿態等	1	2	3	4	5	6	7	8	9	10
8. 社会技能：与他人及同齡者交流相处	1	2	3	4	5	6	7	8	9	10
9. 注意力的寬度與集中度	1	2	3	4	5	6	7	8	9	10
10. 參與學校學業的能力	1	2	3	4	5	6	7	8	9	10

　　　　家長簽名：　　　　　　　評估日期：

表二

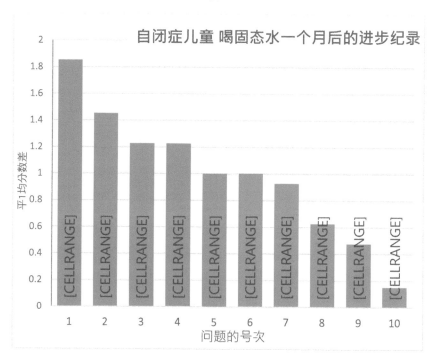

自闭症儿童 喝固态水一个月后的进步纪录

（纵轴）平均分数差　（横轴）问题的号次

上面表二是十二個自閉症一個月的評估結果。在這段時間內，每個小孩，每天喝兩杯固態水。一個月之後，家長同樣回答這十條問題。我們不單只能用數字表達自閉症小孩的改善。同時家長亦表示他們的小孩有明顯的改變。圖 4。2 左邊第 1 栏是注意力，第 2 栏是語言，第 3 栏是動作，第 4 栏是學業，第 5 栏是非語言交流，第 6 栏是社會技能，第 7 栏是睡眠，第 8 栏是語言技能，第 9 栏大小便，第 10 栏消化系統。表二左边垂直坐标是十二個自閉症症的平均分數差。

其中我們看出最大最明显的改善在注意力和語言，相對來說，最少的改善却是在消化系統。因此我們推論，由於消化系統的嚴重傷害，所以改善最少也要多過四個星期。

為了进行比較，我們在下面提供了一组非常健康 8 岁女孩的红外图片（图 4.2）。 图片中各部位全是绿色的。

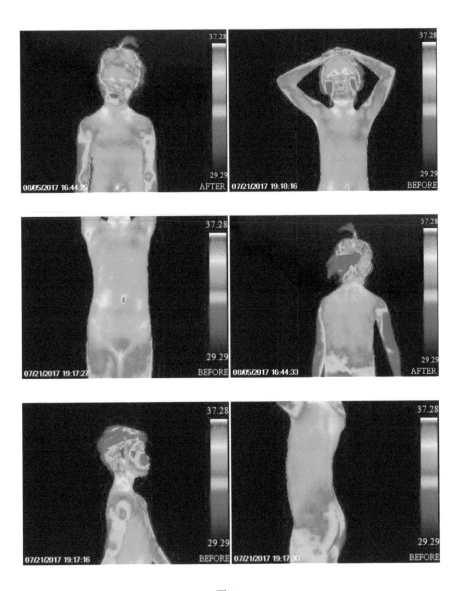

图 4.2

九、兩個美國权威著名大學研究成果的參考资料

両個美國权威著名大學研究成果的參考资料 2014 年 1 月 20 号《水與健康》，國際研讨会摘录地点：美國加州理工學院 主办人：卢遂显博士與加州大學洛杉矶分校免疫系教授班杰明博士

1. 美國加州理工學院身生物系教授 保罗.皮特森博士研究实验演说的摘录

題目： 肠，脑免疫联系和自閉症

摘要： 發現在老鼠母亲怀孕时。 刺激免疫能力的增加，能产生有自閉症状的老鼠后代，而影响這些后代老鼠免疫系统，肠内的微生物能压制自閉症的证状出現 保罗.皮特森博士简 介：加州理工學院杰出教授，在美國约翰·霍普金斯（John Hopkins）大學得到生化博士，然后在哈佛大學醫學院研究神经生物學，到加州理工學院后，开始用老鼠研究神经病學。

2.美國南加州大學药物系教授陈景虹博士（Dr. Jean Shih）的研究演说摘录：

題目： 拯救基因改作老鼠的自閉行為

摘要： 男性基因改造的老鼠有自閉症的各種症状，如：社交能力，传递信息的减低，重复行為等。初步证据：用固態水的软膏涂在這些老鼠上21天，便能使体表温度與野生没有基因改造（wild type）的接近，這是用热像图得到的结果。

陈景后博士的介绍： 南加州大學 教授和 《杰出教授》，是世界著名的分子神经药物研究员，曾经两次得到美國國家健

康所（NIH）的优良奖。在全世界有广泛的合作关系，对分子
遗传传的专业领域，在癌症治療，和神经病學有关键性的应响。

第五章 七個自閉症，一個自閉症母亲的案例分析，和一個自閉症父亲的见证

七個自閉症小孩分別是： 2 岁半，4 岁，六岁，13 岁，14 岁，17 岁，18 岁。 我们加上 18 岁小孩的妈妈，因為自閉症小孩妈妈都是过劳的。

一、兩歲半的男孩：早期干預與預防的效果

下面是 2 歲半的男孩，当时他還沒有去被診斷為自閉症，但照顾他的婆婆認為他已经有嚴重健康和行為的問題。

從出生起，他就要栓劑才能大便，他對食物不感興趣。他只喝牛乳。他在同齡兒童中屬於最輕與最矮的 25%。他睡眠有問題，哭闹得很多。只注意媽媽。雖然他與祖父母同住，但从来不理祖父母。害怕鞦韆、滑板等一般嬰兒爱玩的玩具。

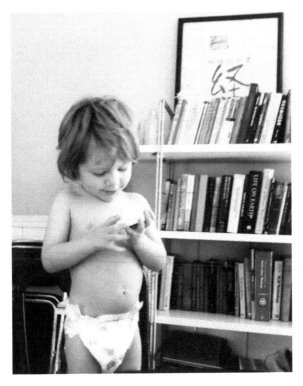

（图 5.1）

　　于是婆婆令他喝固態水，我们立即為這個兩年半男孩拍攝
了红外图像。红外图像显在下面的图 5.1.1a 中。然后他喝了一
些固体水粒子。将带有固体水粒子的乳膏涂在他的腹部區域一
個半月。然后再拍图 5.1.1b：

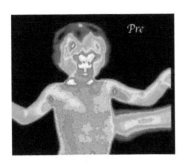
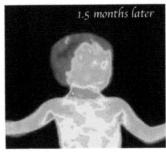

图 5.1.1 a 之前　　　　　　图 5.1.1b 之后

前后比较，可以评論如下：

1.　眼睛發炎。眼睛發炎，呈白色，表示眼睛后面的大脑部分有问题。眼睛后面的大脑处理能力太弱。因此，他宁愿只看妈妈。他几乎没有精力去看他的奶奶或其他任何人。

　　眼部區域的炎症示于图 5.1.1a。一個半月后，眼睛的炎症大大减轻。图 5.1.1b 眼睛的两個大白点变成了淡红色的点，周围有黄色區域。他开始注意他的祖母。

2.　脑部發炎：右前额發炎，显示為白点，表明脑部右额叶功能不正常

3.　甲状腺發炎，在前颈部下方胃经缺盘穴有两個白色小点。左右白点表示左甲状腺和右甲状腺均發炎，甲状腺發炎的小孩，新陈代谢低下，几乎没有其他精力充沛的精力去做秋千 滑梯。左图5.1.2a 是喝固態水之前，右图5.1.2b 是一個半月后白色降温為红色。

4.　大肠發炎。大肠的炎症出现在腹部上方，如图5.1.2a所示。当大肠功能不正常时，就有便秘。 经过一個半月的治療，白色大肠區域温度降低，变成红色區域，如图5.1.2b所示。 他不需要栓剂排泄了。

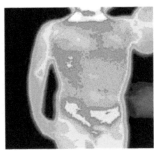
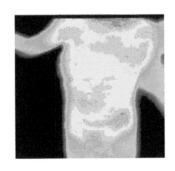

图 5.1.2a 之前   图 5.1.2b   之后

5.   左甲狀腺發炎显示為小肠白色粗线，如图5.1.3a所示。 经过一個半月的治療，粗白线的面积减少了约50％，如图5.1.3b所示

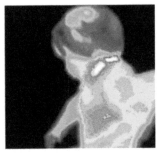
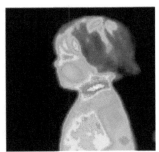

图 5.1.3a 之前   图 5..1.3b 之后

　　到四歲大時，他的健康大有改善，他的阅读，数學，物理，社交，與他人交談和沟通技巧，都有大大近步。在高度和重量也達到同齡小孩的中間部位（50％）。總體來講，早期的干預防止了這個小孩健康和社交能力衰退，而且有改善，達到同年小孩發展的水平。這個男孩六歲大時，他的祖母于 2015 年 8 月 25 日來信說:「我們有六歲的男孫和他妹妹，與我們住在一起，加上他們的父母，所以這是一個完整的家。我六歲的男孫即将

就读一年级。我觉得他能阅读四年級的書，和理解四年級的数學。我很感激，我和你一起工作，终于说服了我女兒給他喝固態水。如果那時没有喝固態水,谁知道他现在会是什麼樣了。 我很感激你。」。

二、四岁的自閉症男孩

4 岁自閉症的孩子 6/17/2017 第一次来访时,,不会说话，只理解很简单的命令。

开始喝固態水，每天 1 瓶（60 毫升）。

左圖 5.2.1a，5.2.2a 摄于 2017 年 6 月 17 日，右圖 5.2.1b,5.2.2b 是在大约四個月后的 2017 年 11 月 4 日拍摄的。

白色發炎的耳門穴，脸上的大肠经，胃经，和腹部的大肠，四個半月后都降温变成红色。

bai

图 5.2.1a 之前　　　　　　　　图 5.2.1b 之后

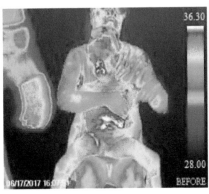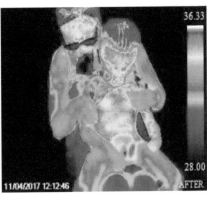

图 5.2.2 a 之前　　　　　　　图 5.2.2b 之后

三、六歲的自閉症男孩

這個 6 歲的自閉症小孩被加州大學洛杉磯分校列為需特別幫助的小孩，有位老師被安排每個星期到他家專門訓練語言。

第一次: 2015 年 1 月 5 日 (每天喝一瓶固態水，一個月後)

第二次: 2015 年 2 月 10 日

自閉症小孩年紀小的都不容易拍照，都要父母幫助他們才能使他們安靜一點。

第一次喝固態水頭左側紅外線圖，喝固態水之前(左圖 5.3.1a)，15 分鐘之後(中圖 5.3.1b)，一個月後第二次(右圖 5.3.1c)

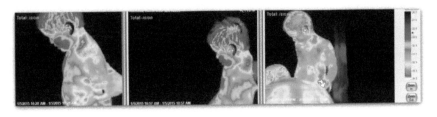

图 5.3.1a　　　圖 5.3.1b　　　圖 5.3.1c

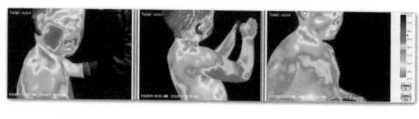

图 5.3.2a　　　　圖 5.3.2b　　　　圖 5.3.2c

图 5.3.1-頭部左側紅外線圖

頭左側的图 5.3.1a，白色是代表左邊甲狀腺在發熱，15 分鐘後(中圖 5.31b) 不見有明顯的變化，一個月之後，圖 5.31c 表示甲狀腺有改善，白色全部不見了。

图 5.3.2-頭部右側紅外線圖

頭部右側的图 5.3.2a，有颈有白色和深红色粗线，一個月之後，圖 5.3.2c 白色全部不見了，改变為浅红色的线表示右边甲狀腺有改善，。

四、十三岁自閉症男孩

他第一次来看我们是在 2/1/2019，然后第二次是在 3/1/2019，第三次是 04/01/2019。在這兩個月的时间里，他每天喝两瓶固態水（60 毫升）。每個瓶子至少有 300 万顆固体水颗粒。每次他来时，我们都拍了一套全身红外照。它们显示在下面的图 5.6 中。

我們看這個自閉症男孩身体不同部位的红外照片的特征，便看到這兩個月的改善：

1.上身的正面图　5.6.1a（2/11/2019）,5.6.1b903/1/2019）,5.6.1c（04/01/2019）。

大脑额叶的發炎，表現為前額中心的白点。降溫為红色這意味着额叶的發炎溫度降低了 1.0 摄氏度。

眼睛發炎从大白点減少到两個小白点，然后減少到红色。眼后额叶的改善是显而易见的。

甲状腺發炎显示為在颈部以下的白色區域被减少為大的白点，然后变為红色。這表明甲状腺正变得越来越有功能，而男孩则变得更有活力。

肺部發炎可以从白色的肺经云门穴（左，右肩頂部）看到。大的白色变成较小的區域，然后在两個月后变成低溫的红色。当肺恢复其功能时，血液中就会有更多的氧气。這個男孩将有更多的精力来执行各種任务。

乳房中心檀中穴發炎显示為大白点，然后变成小白点，并用固体水粒子治療两個月后几乎消失。我们在其他情况下的经验表明，檀中穴發炎意味着胃酸过多。

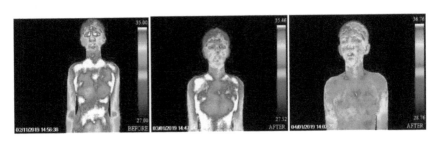

图 5.4.1a　　　　　图 5.4.1b　　　　　图 5.4.1c

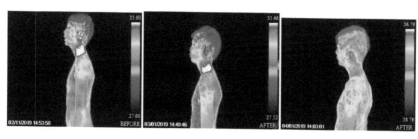

　　　　图 5.4.2a　　　　　　　　图 5.4.2b　　　　　　　　图 5.4.2c

　　小肠经發炎，在图 5.6.2 表現为颈部大的白色區域，然后在两個月后消失为红色區域。 当小肠發炎时，营养物质的吸收会减少。 因此，男孩很瘦，而且体重不足。 随着小肠的恢复，他应该逐渐增加体重.

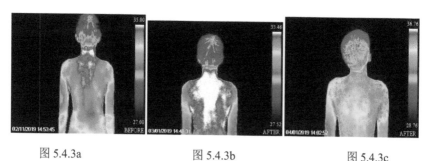

　　　　图 5.4.3a　　　　　　　　图 5.4.3b　　　　　　　　图 5.4.3c

背图 5.4.3a，b，c

后颈發炎，白色，两個月后降溫变淡红。

　　膀胱發炎，上背部的两垂直白线發炎（膀胱经线）表明膀胱功能不正常。 然后两個月后，两条白线消失为红色背景。 膀胱变得正常

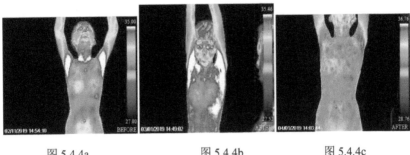

图 5.4.4a   图 5.4.4b   图 5.4.4c

图 5.4.4.a，b，c

腋下炎症是腋下有兩個大的白色區域（穴位 HT 1），表明免疫系统过度活跃。然后两個月后白色區域消失为红色，表明免疫系统恢复正常。

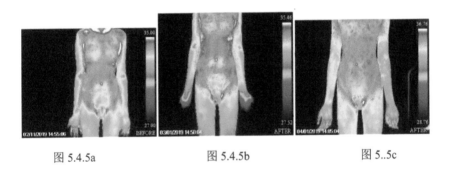

图 5.4.5a   图 5.4.5b   图 5..5c

图 5.4.5a,b,c：

前身轻微發炎，表面呈红色。 然后两個月后出现红点。 我们的经验表明，红点表示毒素。 毒素从何而来？ 這個男孩的饮食准备得很周到。 那男孩呼吸正常的空气。 毒素可能来自他的母亲。 当母亲生下婴兒时，母亲通过向婴兒倾倒而摆脱了毒素。 现在，男孩康复了，开始分泌毒素。 皮肤上的毒素通常会引起不适感。 容易激怒的男孩可能是由于毒素引起的。

五、十四岁自閉症男·孩

十四岁自閉症，父亲声称最有可能在 3 岁时免疫注射后产生自閉症症状。

每天一瓶固態水（60 毫升）

第一次来 07/02/2019 图 7.5.1a，第二次来 07/15/2019 图 7.5.1b，第三次来·07/30/2019 图 7.·5.1c

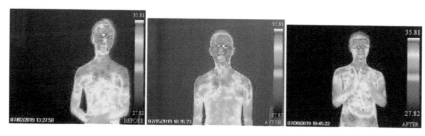

图 5.5.1a　07/02/2019　图 5.5.1b　07/15/2019　图 5.5.1c　07/30/2019

皮肤上的毒素表现为红点和红色的肺经线。免疫注射中的毒素。会使人烦躁，使小孩过度活跃

眼睛發炎，48 天后有改善

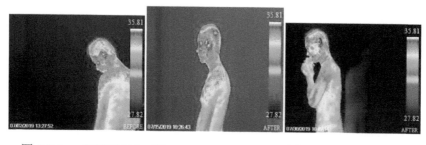

图 5.5.2a　07/02/2019　图 5.5.2b　07/15/2019　图 5.5.2c　07/30/2019

左头侧：左上脑，后上脑，白色區域缩小，进展稳定。

六、十七岁的自閉症雙胞胎男孩

一對双胞胎的母親 2010 年給我們一封信:「我有一對異卵雙胞胎,今年十七歲。其中一位有非常嚴重的自閉症狀,而另一位也有嚴重的自閉症狀。我們的生命歷程很困難,像每一位患自閉症小孩的家長,我們嘗試每一種療法,我們試了《立即戰勝自閉症》的方法(Defeat Autism Now,),包括醫生、行為干預專家、高壓氧氣治療法、心靈專家、營養專家、網絡支持團體、精神病專家、心理病專家、傳統醫生、非傳統醫生、神經掃描(SPEC)、腦電波、通靈者、藥品等等。我們花了不計其數的金錢和精力,使我們傾家蕩產,精神耗盡。

但沒有一樣能幫助我的男孩。當他們到青春期,情況更差。我不知道是男孩發育產生的激素呢?還是當時用極惡猛的反病毒抗生素(SSRI) 而使他們幾乎到盡頭的邊緣。憤怒、攻擊性行為和離家出走,加上腦癲癇,真是來勢兇猛。我的一個男孩在校車上,要一對一的幫助,並且要加上限制式安全帶,使他不會攻擊駕車者和其他學生。學校當局說他們沒有一個方案適合他們。甚至我自己也在想如何處理他們的攻擊性行為。

我的醫生看到盧博士的研究報告,建議我參加這個臨床試驗。雖然他在帕薩迪納(Pasadena),我在聖地亞哥(San Diego),相隔兩百多英哩,我還是開長距離車,讓他們參加了實驗。我們開車到了帕市。第一次,拍紅外線照片是值得回味。當我帶第一位兒子拍照,另一位便奔跑到街上。我知道他是不會自己回來的。我們必须一定要把他抓回来。盧博士和一位男孩留在房內,他的助手潘女士(Penelope)和我跑出街外追趕另一位。那天过的是很長很長。但我們開始了實驗。我很興奮。在其他所有人都已經放棄之后,或許盧博士能幫我的兒子。

　　我喜歡我們能馬上從圖像看到兒子們的健康狀況。我決定繼續這個試驗。每天定時給他們喝兩次固態水。經過三個月，我完全看不到他們認識上有任何改變，但我在紅外線圖中看到很大的變化。我決定繼續喝固態水，并停止了藥物治療。到第四個或第五個月，我們看到：他們說話好了，認知能力增加，有了更好的目光接觸，睡眠增多。憤怒和攻擊性行為大量減少。雖然仍容易發脾氣。但是他們開始互相爭吵，像一對正常的兄弟一般。。

　　我覺得這是正常的而不是一個大問題。我們開始希望，真是上天給我們的禮物。」

　　母親報告他們有嚴重的腦癲癇，當他們開始覺得頭痛的時候，她就使用有固態水粒子的软膏塗在他们痛的地方。兩個雙胞胎一年來都沒有再復發癲癇。

　　雙胞胎在過去四年都用固態水，他們脫離反病毒抗生素藥物（SSRI）已經兩年了。他們的老師報告他們在學術上和交談都上有顯著進步。其中一位在一年內讀完五年的功課。當然他

們仍然和同年比是明顯落後；他們還有一段很長的路要走，才能獨立生活，但他們母親說「現在有希望了，以前是沒有的」。媽媽對兒子進步的健康帶来改善的家庭生活，感到興奮。她感到有信心去買到好來塢環球影城、和洛杉磯 Knott 草莓農場的年票。和孩子同乐，他們不再会动不动离家出走了。其中一個較差的雙胞胎甚至還開始烹飪。媽媽把功勞都歸於參加固態水的實驗。

下列分別是双胞胎的#1 的上图和双胞胎#2 的下图。左起第 1 栏是消化系統，第 2 栏是大小便，第 3 栏是行為，第 4 栏是睡眠品質，第 5 栏是與人沟通，第 6 栏是語言，第 7 栏是非語言的表達，第 8 栏是社會技能，第 9 栏是注意力，最右的第 10 栏是學業指標。雙胞胎 2010 年 4 月初來的問答是紅色，2013 年 1 月的回答是綠色。這些問答圖表是根據母親主觀觀察的數字而得。兩位雙胞胎在大部分的健康指標中都有明顯的改善，高紅色較不健康的指標大部分改善為浅綠色較健康的指標。

三年前后的比較圖

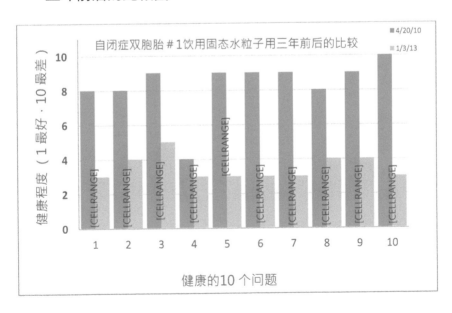

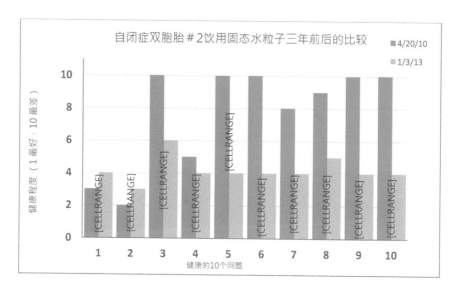

七、十八岁的自閉症少女

一個 60 歲的媽媽帶女兒來看我們，試一試喝固態水，媽媽有三個女兒，兩個大女兒都已經是有成就的藝術家，她自己也開了一個畫廊，但很早的時候就發現第三個女兒有自閉症，只好犧牲自己的藝術前途，全心全意照顧這個自閉症女兒，自閉症女兒的爸爸受不了，也和這位媽媽離婚了。

她們于 2019 年 4 月 3 日首次来到我们的办公室，我们拍摄了十八岁的女兒一整套红外照片，如下图 7 所示，并且每天喝两瓶固態水持续两周。然后在 2019 年 4 月 16 日拍摄了另一组红外照片。

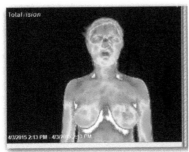 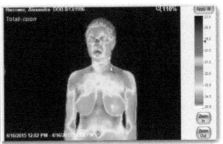

图 5.7.1a 喝固態水之前   图 5.7.1b 喝固態水之后两星期

(4/3/2019)   (4/16/2019)

图 5.7.1 a 和 b

前额發炎显示额叶發炎，从深红色减少到红色表示额叶有小改善。

以红色环表示的眼睛發炎保持為红色。 因此，处理图像的大脑部分似乎保持不变。

甲状腺炎症表現為前颈两侧胃镜缺盆穴的两個白点。這表明她的新陈代谢缓慢，生长發育迟缓。 她比正常人矮很多，而且体重不足。

经过两周的治疗，右侧的白点消失了，左侧的白点减少了一半。 這表明她的新陈代谢有所改善。

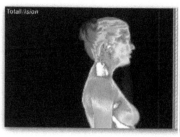 

図 5.7.2a 之前　　　　　図 5.7.2b 之后

头右侧图 5.7.2 a 和 b

甲狀腺發炎：右甲狀腺側面的大面積白色區域，減少了 90％以上变成一個小白点·，右甲狀腺的代谢在两周内大大改善。

 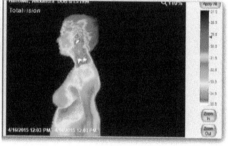

図 5.7.3a 之前　　　　　図 5.7.3b 之后

头左侧图 5.7.3 a 和 b

左甲狀腺側面的大面積白色區域表明左甲狀腺的炎症減少了 50％以上，变成两個白点。 左甲狀腺的代谢在两周内有改善

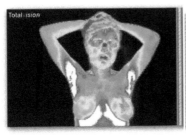 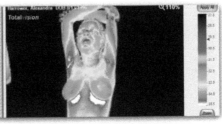

图 5.7.4a 之前　　　　　图 5.7.4b 之后

腋下图 5.7.4 a 和 b

較大的白色區域显示出腋下心经极泉穴的淋巴结發炎，表明免疫系统过度活跃。 饮用固態水，一天两瓶，两周后，大的白色區域减少了 95％ 以上。 她的免疫系统又恢复了正常

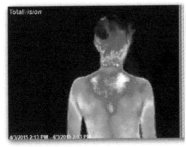 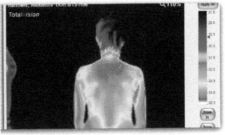

图 5.7.5a 之前　　　　　图 5.7.5b 之后

上背图 5.7.5a，b 显示膀胱经络的炎症，如图所示，上背部的两個白色區域减少为红色。

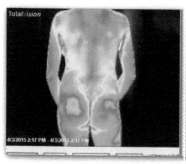 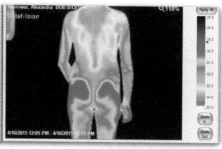

图 5.7.6a 之前　　　　　　　图 5.7.6b 之后

下背圖 5.7.6a，b 在下背部的督脉發炎為紅色。 紅色的一部分在两周后消失了。

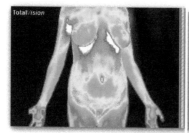 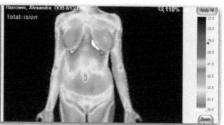

图 5.7.7a 之前　　　　　　Fig 5.7.7b 之后

图 5.7.7 a 和 b。 左乳房和右乳房的發炎表現為两個白色區域，两周后大大減少。

八、有一個十八岁自閉症女兒的六十歲媽媽

自閉症兒童的父母通常因照顾自閉症兒，过于劳累，身体不会健康。 這里是上面 5.7 说的 18 岁的自閉症孩子母亲的例子。 她关闭了一個成功的画廊，留在家中照顾孩子。

第一次 4 月 3 日第一次来访，喝固態水之前(左图 5.8.1a)，

15 分鐘喝固態水后(中图 5.8.1b)。 第二次 4 月 16 日兩個星期後来访再拍照 (右图 5.8.1c)。

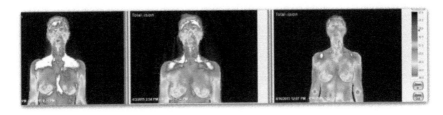

图 5.8.1a　　4 月 3 日　　图 5.8.1b　　　15 分钟后　　图 5.8.1c　兩個星期后 4 月 16 日

圖 5.8.1-正面臉和前胸圖

• 前額白色。表示壓力很大，顯然擔心女兒的前途而造成的，喝固態水 15 分鐘後，白色面積增大，表示氣血到那裡，增加自我治療。兩個星期後，白色不見了，更能承受壓力了。

• 臉上的鼻左邊，口的下面紅線，一開始是紅色發熱的胃經，兩星期後，鼻旁口上下紅線全不見了，表明腸胃都好了。

• 鎖骨上大片白色，表示甲狀腺發熱，喝固態水 15 分鐘后減少，兩星期後白色部分完全不見了，表示甲狀腺轉好，身體也比較不疲倦。

• 胸中央的任脈為白線，喝水後都不見了，表示胃酸有改善。

• 肺經兩側的云門穴，白色面積也在減少，表示她的肺沒有問題，肺部發炎通常是情緒受到严重影響。

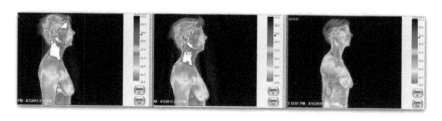

图 5.8.2a　　　　图 5.8.2b　15 分鐘后　　　　图 5.8.2c　　　兩個星期後

圖 5.8.2 -頭右側圖

- 頭前額的白色也在喝固態水 15 分鐘后不見了。

- 頸的右側的白色面積在 15 分鐘后減少，兩個星期後都不見了，右側頸是小腸經和三焦經，發熱也沒有了。

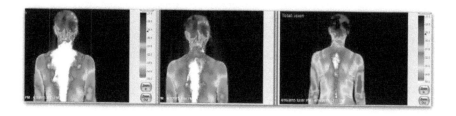

圖 5.3-背上部

图 5.8.3a　　　　　图 5.8.3b　15 分鐘后　　　　图 5.8.3c　　兩個星期後

第一次背上部大面積的白色，喝固態水 15 分鐘後減少了一半，兩星期後只剩下 1/10。

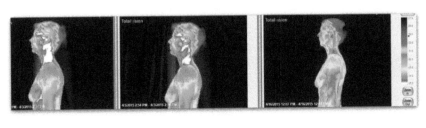

图 5.8.4a   图 5.8.4b   15 分鐘后   图 5.8.4c   兩個星期後

圖 5.8.4 -左側頸部的紅外線圖

左側頸部的白色，在喝固態水後的 15 分鐘減少了大部分，兩個星期後都不見了，表明左邊的小腸經，三焦經改善很快。

圖 5.8.5-心經的紅外線圖

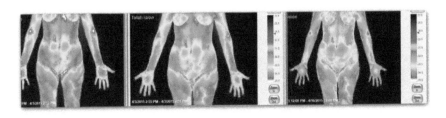

图 5.8.5a   图 5.8.5b   15 分鐘后   图 5.8.5c   兩個星期後

• 兩個手臂的紅色心經，在 15 分鐘後，粗紅線沒有什麼改變，但兩星期後，紅色的心經幾乎不是紅色的，心的發熱變得正常了。

• 左右手肘的兩個白點是心經穴位，兩個星期後都降溫為紅色。

• 肚的下方在第一次(左圖)，紅色發熱的地方不少，兩星期後，深紅色都沒有了，只有少量的微紅色。

圖 5.8.6 -腳部的紅外線圖

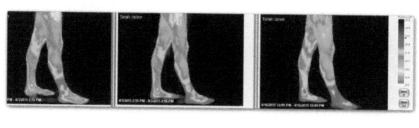

| 图 5.8.6a | 图 5.8.6b　15 分鐘后 | 图 5.8.6c　　兩個星期 |

- 下面兩腳沒有事，故沒有大的改變。。

整體來說，媽媽 15 分钟后有改善，在兩個星期后全部改善，媽媽自己也说身體轻松，精神愉快多了。

九、自閉症父亲的见证函

我的名字是高丙拿（Gopina），密歇根大學安娜堡生物醫學工程系研究科學家。我們有 4 個孩子其中兩人患有自閉症。大女兒 S（12 岁）和 5 岁的兒子 M 患有自閉症谱系障碍，可能是由于成熟期或其他原因。

S：她是双胞胎之一，由于羊水流失（囊破裂），妊娠第二十六周过早出生。她早出生 11 周（双胞胎 36-37 周才 是正常）。她的哥哥由于脑出血，7 天后就已经去世了。当她出生时，她体重 850 克（小于 2 磅）。她在印度醫院特别照顾了 3 個月。她 9 岁时與家长一起搬到了美國。她在視线，肺部问题，心脏问题和所有体格指标都有延误，包括語言也有问题。我們在 3 岁时就看出她有自閉症，并将她送到特殊教育學校。她有几个问题，如自我说话，不那么专注，需要很多提示，坐在一個地方很难，自我發揮，没有相互回答/玩耍。来美國后，她就在交际障碍（CI）教室中學。2015 年我从家人的朋友那里了解了固態

水粒子。當我女兒十歲時使用了盧博士推荐的固態水粒子一天
2 瓶。经过 3 個月的使用，我們看到了她更多关注环境，想要
學習更多，想要和同龄人一起玩笑，可以轮流等待她玩的程序。
6 個月后，我們看到她自我讲话减少到 70%，提高了學术水平。
经过一年的使用，我們看到她的思维处理，記忆力改变，能写
作散文，做 3-4 年级数学，O-P 水平的英语阅读（普通教育是 3
年级）。我認為這個成就将需要 5 年，但是在 1 年之内。她的
ATEC 评分在 18 個月内下降到 35，這非常接近成为正常的孩
子。去年，她从特殊教育转普通教育，进步很大。她完成 6 年
级的成績（B，C 级数學，科學，英语和社会科学 A 等级）将
在明年秋天上升到 7 年级。 1 年以后，由于我的兒子也出现了
自閉症，，所以我不能负担她再喝固態水粒子。

　　M：他是单生嬰兒，妊娠 35 周后出生。他早出生 5 周（40
周是单身嬰兒的全职）。当他 5 個月大时，他从床上掉下来，没
有伤口，没有血液流出，没有炎症，只是正常从床上滑下来。
我不知道對他后来生活有什么影响。但他步行，说话，互惠，
模仿的所有指标都正常，他 15 個月时说话，但他在 18 個月后
进行了麻疹-腮腺炎-风疹（MMR）疫苗接种後，兩個月後（20
個月），我們發現行为發生了严重的变化。他停止说话，表现出
刺激，大部分时间旋转，不稳定，没有厕所训练，对衣服和鞋
子敏感（他不想在身上穿任何东西），不再說話等几个问题。自
12 個月前，我們给他一天 2 瓶固態水粒子。我們在 3 個月内發
现他急剧变化。他已经厕所训练（不是完美的清洁，但坐好，
并完成），他穿着衣服/鞋很容易（大部分的感官问题消失了），
能够接收并遵循两步指令，深夜连续睡觉，开始模仿声音，说
一些单词。這是 6 個月内的一個很大变化。在這個治療期間，
我們大多数时候都使用 GAPS 饮食补充剂（铁，欧米加-3,5-htp
/ b6，B12）和一周一次指壓，我們看到我的孩子只有在提供固

態水粒子后才有變化，因為在他 3-4 歲我们已提供上述补充和治療。

　　盧博士是一個伟大的人，了解疾病原因背后的科學，他也了解自閉症父母的痛苦。在所有情况下，他将與你合作，因為每個自閉症孩子有不同的要求。他是一個资料丰富，调节和负担得起的所有病人;這使得盧博士的研究所成為拯救帮助自閉症兒童最好的地方之一。每個自閉症的孩子都不同的，就像每個拼图都不一样。我不知道每個人是否能完全解决各自的困难，会把自己的难题解出 100％，但许多拼图会用固態水粒子来解决。我强烈建议所有自閉症兒童使用這種治療至少 1-2 年。（中译本）

高本拿博士 Ann Arbor，MI，USA

　　以上是一個十二岁自閉症女兒父亲的见证，供大家参考。

第六章　自閉症內脏發炎的案例研究

　　本章是采集自一些在美國、巴拿馬、中國的自閉症者的紅外線圖　，他們有著共同發炎的器官，大多是眼睛，前額，頭部的左側和右側，甲状腺，腋下的淋巴结，大肠，小肠，膀胱和生殖器官。這些病例选自多年来研究的 25 名自閉症病童 Subject1，Subject2 到 Ssubject25　，這 25 名自閉症病例的红外線图，由 S1 到 S25 發表在我著作英文版 Autism and Stable Water Clusters, Physics and health: a Picture Book, published by Quantum Health Research Institute,2013 中译：从科學和健康的角度看固態水粒子和自閉症的关系，由量子健康研究院出版）。

　　各種器官發炎，每種發炎取三例

一、發炎的眼睛：自閉症孩童 S1,S8, S9 的红外线图：

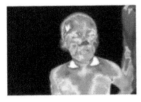

　　　　S1　　　　　　　　　　S8　　　　　　　　　　S9

　　眼睛的健康本身没有问题。眼睛發炎表明眼睛后面的脑的额叶發炎。形状的差異表明發炎的額叶的位置和功能在三位自閉症孩童都不同。（注白色温度较高，比正常温度高 3 C），表明該部位額叶的功能受到更严重的影响。

二、發炎的前額：是自閉症孩童 S3，S4，S5 的紅外线图

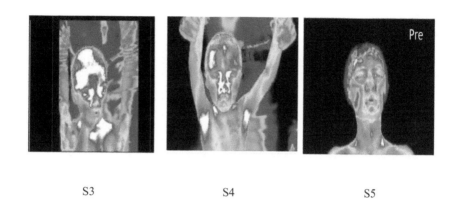

<table>
<tr><td>S3</td><td>S4</td><td>S5</td></tr>
</table>

　　自閉症　孩童 S3 的額叶發炎症比自閉症孩童 S4 严重，自閉症孩童 S4 比自閉症孩童 S5 严重

三、自閉症孩童 S3, S20, S22 的左頸側發炎

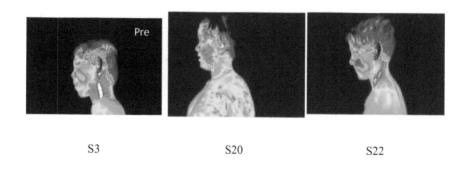

<table>
<tr><td>S3</td><td>S20</td><td>S22</td></tr>
</table>

　　這三位自閉症孩童的左颞叶發炎程度都有所不同

四、 自閉症孩童 S13, S17, S25 的右頸側發炎

 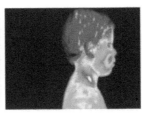 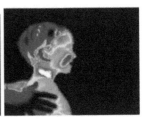

S13   S17   S25

自閉症孩童 S13 的右顳叶發炎比自閉症孩童 S17 嚴重，自閉症孩童 S17 的右顳叶發症比自閉症孩童 S25 嚴重

五、 自閉症孩童 S4，S5，S11 的頸下兩側甲狀腺發炎

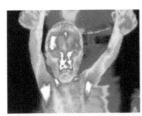 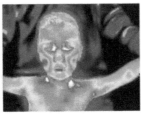 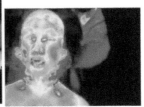

S4   S5   S11

自閉症孩童 S4 的前面右甲狀腺 發炎比自閉症孩童 S5 前面右甲狀腺 發炎嚴重，自閉症孩童 S5 的前面右甲狀腺 發炎比自閉症孩童 S11 嚴重

六、自閉症孩童 **S12，S13，S15** 的左，右側頸下甲狀腺均有發炎：

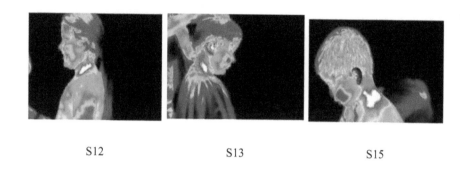

S12　　　　　　　　S13　　　　　　　　S15

　　自閉症孩童 S15 的左側甲狀腺的炎症比自閉症孩童 S12 左側甲狀腺發炎嚴重，自閉症孩童 S12 的左側甲狀腺側的發炎症比自閉症孩童 S13 的自閉症孩童右側甲狀腺严重。

　　七、自閉症孩童 S5，S7，S8 腋下淋巴结發炎。

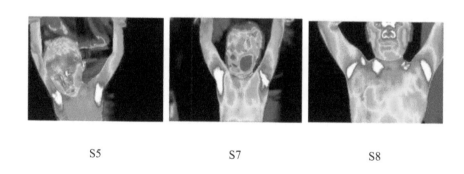

S5　　　　　　　　S7　　　　　　　　S8

　　這三位自閉症孩童腋下淋巴结都有所不同程度的發炎

八、自閉症孩童 S8，S9，S1 的大腸發炎：

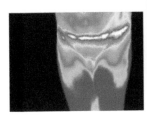
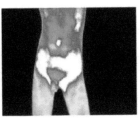
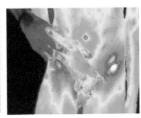

S8   S9   S1

自閉症孩童 S9 的大腸發炎比自閉症孩童 S8 的严重，S8 的大肠的發炎症也比自閉症孩童 S1 的严重

九、自閉症孩童小肠经 S14R，S14L，S2 颈部小肠经均有發炎

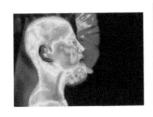
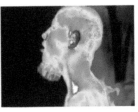
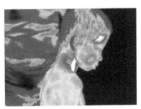

S14R   S14L   S23

自閉症孩童 S23 的小肠经發炎比自閉症孩童 S14L 的小肠经發炎严重，而自閉症孩童 S14L 的小肠经發炎也比自閉症孩童 S14R 的小肠经發炎严重

十、自閉症孩童 S1，S5，S6 生殖器官均有發炎

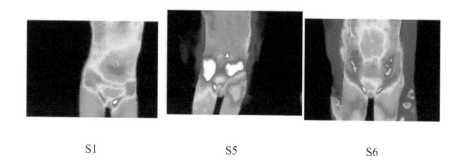

S1　　　　　　　　　S5　　　　　　　　　S6

　　這三位前列腺炎自閉症孩童 S1，S5，S6 生殖器官發炎的程度都有所不同。

　　我们对自閉症兒童內脏器官炎症进行的 32 個案例研究结果在附上表 1 和表 2

表 1。（见 Excel 上的表）

表1　　　自闭症孩童的脑和甲状腺炎症

自闭症篇号	性别	岁数	眼	脑 额叶 额头	左侧头 SJ21, GB14	右侧头 SJ21, GB14	甲状腺 胃经穴位 ST12	小肠经	其他
1	男	2.5	L, R	L,R			L,R	L	鼻, BL
2	男	4	L,R	R	SJ21, GB14	SJ21,GB14		L,R	
3	男	6	L,R						
4	男	13	L,R	L,R			L,R		肺经LU2，BI
5	男	14	L，R	M		SJ21			
7	女	18	L, R	L,M, R		SJ21,GB14		L, R	DU-脊柱
S1	男	6	L, R	L, R		GB14	L,R		
S2	男	4	L, R	R			L,R		
S3	男	10	L,R	L, R	SJ21, GB14		L, R		右 LU2
S4	男	3	L, R	L,M,R			L,R		
S5	男	4	L, R	L, R			L, R		
S6	男	4	L, R				L, R		
S7	男	4	L, R	L			L, R		
S8	男	5	L, R				R		
S9	男	7	L, R				L, R		
S10	男	3	L, R				R		
S11	男	12	L, R		SJ21		#		鼻nose
S12	女	12	L, R				L	L	
S13	男	12	R			SJ21	R		
S14	男	24	L, R		SJ21	SJ21			
S15	男	5	R				L,R	L	BL
S16	男	15	L,R				L		
S17	男	7	L，R			SJ21, GB14	L, R		
S18	男	3	L, R				L, R		
S19	男	8	L, R			SJ21	L, R		耳后SJ
S20	男	15	L,, R		SJ21, GB14		#		毒素toxin
S21	男	12	L, R	水平		SJ21	L, R		耳后SJ
S22	男	9	L, R	L, R	SJ21, GB14		R		
S23	男	9	L, R	L, R		GB14	L, R		
S24	男	10	L, R	L, R		SJ21	R		
S25	男	7	L, R			SJ21, GB14	L, R		耳后SJ

%= 发炎内脏的案例/脑发炎的案例

甲状腺%=90

*我们没有区分发炎温度高低，白和红都是发炎。

**年轻的自闭症儿童不喜欢被摄影，因此他们发炎的内脏又些没有记录到

表 2

Table 2 自闭症孩童的淋巴结，大肠，小肠，生殖器官等炎症

自闭症 性别	年龄	淋巴结 腋下HT1 免疫力	大肠 LI 腹部	小肠经 SI	生殖器官
1 男	2.5		水平		RN1
2 男	4		水平		RN1
3 男					
4 男	13	L，R		L	
5 男	14				
7 女	18	L,R			L,R，乳房
S1 男	6	#	水平		RN1
S2 男	4	L,R			
S3 男	10		L, R	L, R	RN1
S4 男	3	L, R	水平		
S5 男	4	L, R	L, R		RN1
S6 男	4	L, R	L, R		RN1
S7 男	4	L, R			
S8 男	5	L, R	水平		
S9 男	7	L, R	水平, L, R		
S10 男	3	L. R			
S11 男	12	L, R			
S12 女	12				
S13 男	12	L			RN1
S14	24		L, R	L, R	RN1
S15 男	5	L		L	
S16 男	15	R			RN1
S17 男	7		水平		RN1
S18 男	3		L		
S19 男	8			L, R 颈	
S20 男	15	L, R	L, R		RN1
S21 男	12	L, R	水平		RB1
S22 男	9	L, R			
S23 男	9			R 颈,	RN1
S24 男	10				
S25 男	7				

%= 发炎内脏的案例/脑发炎的案例

72%　　　53%　23.00%　　44%

不能举手的自闭1, S3,S12,S17, S18,S19,S23,S24, 25 S

　　排列出来：1）自閉症谱反映了各個器官的發炎的程度。 2）90％自閉症兒童的甲状腺有问题。 3）超过 72％的自閉症兒童免疫系有过度活跃。4）超过 53％的自閉症兒童的大肠有问题。5）超过 23％的自閉症兒童的小肠有问题。 6）超过 44％的自閉症兒童的生殖器官有问题。

第七章　总结

一，在加州大學洛杉矶分校醫學教授的建议與支持下，我們积极投入自閉症研究领域，其結果深具价值，请参考如下。

二，從紅外線圖（或稱熱像圖）中的数据我們可以綜合而言，自閉症小孩除了头部以外，還有下列各種發熱、發炎的部位：

1）　頭部各處發熱，不同的地方發熱，代表腦不同地方有問題，自閉症小孩，行為差異很大，腦的發展也很不同，發熱的地方不一樣。一定程度上，都可以在紅外线圖上定性、定量表示出來。

2）　甲狀腺發炎不正常，自閉症小孩發育不正常可能是甲狀腺有問題。

3）　下腹肚部發熱，或冷，表示大小腸有問題。

4）　大小便有問題，大腸經、膀胱經發熱。

5）　消化系統有問題，胃經發熱。

6）　免疫能力有問題，腋下發熱。

7）　腳冷，紅外線圖表現為藍或黑色。

8）　生殖器官有問題：乳房、子宮，男下陰等發熱。

每個自閉症小孩發熱的地方不一樣，各有差異。

三，固態水粒子能疏通所有經絡，故對千差萬異的自閉症者，具有一定幫助，令他們較健康。但我們仍需廣大讀者的幫助，讓更多人參與臨床實驗。這是本書的目的。受試者可參加我們的問卷研究，不必依賴紅外線圖。可以通過在自己家里饮用固態粒子水及態水乳霜，然后由家長觀察了解病情進展的变化，并定期回答我們制作問卷上十個健康問題，就行了。

概括地说，自閉症者，不管是成人或兒童，饮用固態粒子水具有以下优点：

・没有副作用，因為不是藥，是纯净水，而是醫療级无细菌百分百的真正纯净水。

・令家长或监护人可以在家較短的时间內看到效果。

・花費成本較低且有限度。

・在服用固態粒子水同時可用他药物和饮食治療，不起冲突。

・我們的目標是讓 1000 個自閉症者參與試驗。

我們对自閉症兒童器官炎症进行的 32 個案例研究結果在表 1 和表 2 排列出來，在此慎重重申：1）自閉症谱反映了各個器官的發炎的程度。2）90％自閉症兒童的甲状腺有问题。3）超過 72％的自閉症兒童免疫系统有过度活跃。 4）超过 53％的自閉症兒童大肠有问题。 5）超过 23％的自閉症兒童小肠有问题。 6）超过 44％的自閉症兒童生殖器官有问题。

以后必需研究更多的病例，以确定自閉症兒童的脑部炎症與其他器官的炎症之间的相关多少。 然后我们可以得出结論，自閉症兒童除大脑外，其他內脏還有问题。研究自閉症就不能单研究大脑，治療自閉症也不能单治大脑，還要研究并同时治療其他內脏。

四．未来

1） 短期未来努力方向：

本书报导治療自閉症的案例，有改善的约 70%，我们努力方向是是要把其餘 30%的自閉症孩童治好。将治愈率提告到接近 100%，中草药可能是最佳选择。

2) 固態水粒子的历史和治病的机制。

1993 年，27 年前，我们就开始对固態水粒子（那时称為稳定水团 stable water cluster）的研究，和广州中山大學物理系教授们，美國加州大學洛杉矶分校免疫系系主任 ，加州大學洛杉矶分校化工系系主任，莫斯科大學化學系教授，华盛顿大學化工系教授，加州理工學院等 合作，研究结果發表為 "第一次固態水粒子的物理，化學，生物特性的國際会议論文集，1997" 里面有用我们使用原子力显微镜，透射电子显微镜拍摄固体水粒子的照片。 我用了理論量子物理的模型海森堡 J-J 耦合模型来解释固体水粒子形成的过程。 之后，我發現组成经络最可能的成分是固体水粒子。 因此，我们将具有高科技设备和理論的中醫称為量子中醫。

固体水粒子治療疾病的机制是：固体水粒子是经络组成的成份，因此它能修补经络，疏通经络，使气血可以顺畅地流到毛血管和细胞。 当细胞获得足够的营养时，细胞就可以自愈成为健康的细胞。当内脏的所有细胞都健康时，内脏将变得健康。当所有内脏恢复健康后，人就恢复了健康。固体水粒子不是药。除水分子外，它不含其他任何化學元素。 故此没有不健康的副作用。

针灸治療疾病的机理是相同的。针灸可以把堵塞的经络疏通，使气血在疏通后的经络中再次畅流。沿着经络的内脏从畅流的血液中获取足够的营养，而变成健康的内脏。這種自我修复机制对所有疾病都是相同的。 因此，一根针能治百病。這種自我治療是物理作用，而不是化學作用，没有副作用。在过去的五千年历史中，针灸的功效在億万人的临床案例中得到了证明。针灸能治的病，固態水粒子也能治。

3）量子中醫

关于量子中醫的學术論文和中英文著作，可见附录贰，在這里就不重复再说。

4）中草药和脉诊仪：

中草药是中醫治療的重要组成部分。目前中草药主流研究工作是分析草药中的不同化學成分，以及草药中每種化學成份对治愈的作用。 由于每種草药中都有数百種化學成份。 每個中药方通常由几種中草药组成，然后将這几種草药煮在一起，达到其效果。在煮的过程中草药中的数百種不同化學成份的生化反应数目是成千上万。 他们的研究将是漫长而艰巨的，更不用说提高草药方剂的療效了。這種工作应该做，但经费会很高，时间会很长。

　　另一種方法是继承传统中醫，使用现代科學技术提高中醫诊断方法·。

　　当有了正确定量的诊断后，便可开正确定量的中草药方。台湾大學物理學教授王唯工研發的脉诊仪（详细情况，请看王唯工的书"看懂经气脉络上册：中醫與人体的和谐之舞"和"看懂经气脉络下策 揭开气血共振的奥秘"海南出版社 2015 年），可以代替用手指把脉，传统的脉诊有 28 种不同的脉象。 但是這些 28 种不同的脉象不是定量的，是模糊的和主觀成份较高。老中醫经验较丰富，把脉较准确，对患者症状的描述就较准确，开方较有效。缺经验的中醫，把脉较不准确，对患者症状的描述就较不准确，开方效果就较差。用手指把脉是不定量，难有重 覆性。

　　我们把手指把脉提升为一種高科技诊断仪器，第一步就是王唯工教授的脉诊仪，脉诊仪能准确测量手腕中动脉中血流的振幅，频率，流量和强度。动脉血流的基本的频率是心跳的频率，约每分钟约 60 次到 80 次。当心跳过快时，例如每分钟超过 100 次 ,或在每分钟 60 次以下时跳得太慢，人的心脏就有病。

　　血流中较高的频率，可称共振频率。当血流的振动频率與五脏六振动频率的相同，就是共振频率，用脉诊仪测量动脉中血流的振幅，共振频率，流量和强度的数量，就能准确知道五脏六腑的状况。传统中醫描述用的词如实症，虚症，阴阳，五行等就会有准确数字的描述。 血流的振幅，频率，流量和强度要通过非常精密的流量计进行测量，目前王教手的脉诊仪测量动脉中的血流压力精度估计约为 1％，应该将脉诊仪的精度提高到几百万分之一以上。

　　当用高精度的脉诊仪看病时，测出手腕血流的振幅，频率，流量和强度的数量，就知到病人五脏六腑 的狀况，喝中草药的药方后，再用脉诊仪测量手腕中血流的振幅，频率，流量和强度的变化，便知到這個中药方有用與否，和需要改进的地方。

這種高精度的脉诊仪是量子中醫的一部份。

5）量子醫學

从 70 年前的 1950 年开始，人们开始谈論中西醫结合。 但是 70 年后，中醫仍然是中醫，而西醫也仍然是西醫。 中西醫理論很难混合。 中西醫必须在相同的理論框架，就是量子物理學提供的框架下，量子中醫和西醫的精华，才能结合成為量子醫學。 量子醫學是中西醫精华融合提高的未来醫學。

附录壹：各地媒題关注采访與报道

一、美國世界週刊人物版對《盧遂顯博士的專訪》

2015 年 10 月 31 日，美國《世界週刊》刊載了對盧遂顯博士的一篇人物介紹，文章題目為《盧遂顯研究固態水，間接證實經絡》（作者：常柏）。可以让读着了解卢博士為什么？及如何研究固態水，研究经络的背景和过程。

1、核能物理學家盧遂顯博士生平

盧遂顯原籍廣東省，出生在廣州市，父親盧朗天為中央銀行廣州分行會計科主任。八歲時，他隨家人逃難移居香港，就讀於香港首屈一指的培正中學。培正畢業後，盧遂顯得到了俄亥俄州的丹尼生大學（Denison University）的全額獎學金，不久又轉學至伊利諾大學(University of Illinois Urban) 。在這兩所大學裡，他利用時間與寒暑假，與教授、研究生們參與固體物理、核子物理、粒子物理等三種實驗，成績斐然。1962 年，他獲得了該校罕有的榮譽學士學位獎。

大學畢業後入研究院，他進入了夢寐以求的芝加哥大學(University of Chicago) 。這所大學是物理學家的搖籃，走出包括李政道、楊振寧和崔琦等三位華裔諾貝爾物理獎的得獎人物。在芝加哥大學裡，他除了主修的物理之外，也對人文、哲學、社會、經濟各方面都增進了許多知識，對他日後科學研究工作產生極大的幫助。1966 年，盧遂顯從芝加哥大學畢業，取得了博士學位，時年二十五歲。

　　拿到博士學位時，英國牛津大學附近一個新建的高能物理研究所正在招聘研究員，該研究所是英國最大的加速器研究所，能產生高能的中子（沒有帶電的核子叫中子）。盧遂顯便成為他們第一期的研究員之一。三年後，他辭去工作，轉往當地的 Glasgow 大學任物理系任教。又三年，他被澳洲墨爾本大學以優渥條件羅致。任教三年後，他獲得終身教職，在那裡任教一共長達十五年。

　　在墨爾本大學的十五年裡，他曾經指導過六位物理博士生畢業，還完成多篇論文著作，其中《強子散射的幾何模型》（Geometrical Pictures in Hadronic Collisions）一書最受科學界重視。此外，每年寒暑假，他到世界各國去講學，包括到中國多所科學單位做研究，發表多篇專題研究報告。他在國際認可的物理與醫學專刊上發表了專業論文百餘篇，擁有三十多個專利項目。1986 年，他為墨爾本大學寫了一個核能波色子(Boson)的專利，但學校認為茲事體大，不能接受，就把專利退還給他。他在一位企業家的支持下，就直接向政府申請專利，沒想到驚動了國防單位，並下令封口。

　　於是，他放棄在澳洲的終身教職，返回美國。盧遂顯說，回美國後這專案還邀請過中外許多權威科學家支持重複演算，並和加州理工學院合作組成一個團隊，探索了多種通訊和能量應用的高能玻色子束的概念，來證實他的理論。後來，項目在企業家背後暗中炒作下，借殼上市獲利，但卻無疾而終。當時，令這位不諳生意的學者陷於無盡的錯愕與無奈之中。

2、深入研究 "水的奧秘"

　　從此，他專心拾起他自 1993 年已經開始研究水的奧秘。他感覺到，環境污染和各種食物基因的改變，已為人類健康帶來空前未有的浩劫。如何解救人類少受醫藥之苦，應該是社會最大的課題。固態水粒子當時的科學學名叫"穩定水團"。從1993年起的四年時間裡，他就和洛杉磯加州大學(UCLA) 在內的科學家們合作，召集第一屆有關固態水的國際學術會議，中外學者百余人出席。1998年，他和時任洛杉磯加州大學免疫系主任、腫瘤專家本傑明·波納維達教授(Benjamin Bonavida) 將會議結果合著成一本科學教材，名為《穩定水團的物理、化學、生物特性》（Proceedings of the First International Symposium on Physical, Chemical, and Biological Properties of Stable Water（IE）Clusters）一書。此後，盧遂顯一頭埋入水與水的基本構成相關的工作，"水"幾乎占去了他全部的工作時間，他醉心于水，因此說他是個"水癡"，一點也不為過。

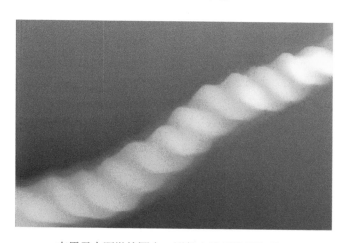

在原子力顯微鏡圖中，固態水粒子呈螺旋形。

3、固態水粒子是由水分子"排列有序"所組合而成的

在常溫常壓下，仍然是呈現"固體"狀態的一種水粒子。冰在攝氏零度以上會溶化，而固態水粒子是不會溶化的那種水。固態水也就是水中之鑽石，是特別深具值價，有益人體健康的水。

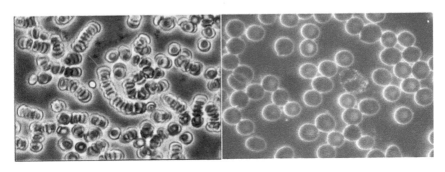

亞健康的人紅細胞粘在一起，喝過固態水一刻鐘後，紅細胞分開。

　　早在五十年前，科學家就提出 DNA（去氧核糖核酸）分子的雙螺旋結構，所有的生物都有 DNA。而 DNA 是很複雜的分子，怎樣才能從普通水變成 DNA？盧遂顯認為，要經過經絡中雙螺旋結構的固態水粒子。因此，他認為固態水粒子就是生命的發展源泉。一旦生命開始，就有固態水粒子的存在。細胞與細胞之間的交往和資訊傳達，就是通過無數個固態水粒子形成而結集的一股一股經絡，在人體中通行導電以維持生命。

　　同時，盧遂顯博士以他的物理專業刻意以現代科學語言解釋中醫，引導中醫的詮釋達到國際標準，能為西方社會所接受。盧遂顯認為，中醫具有深厚的物理學基理，他將針灸、氣功、穴道、經絡，以物理原理加以研究，認為都與經絡所賴以通暢的水有關。他於 2004 年出版《針灸和健康的生物物理基礎》（Biophysics Basis of Acupuncture and Health）。他研究人體內"水"環境以及水對人體健康的影響，因而提出了"固態水粒子就是人類賴以維持生命的固態水"的概念。為此，他特別出版了一張簡明扼要的掛圖，名為"經絡的科學解釋"，加上中、英文的說明。該掛圖除了以簡單物理學語言解釋針灸治病過程的基本理論外，其中更有"經絡顯像"，供中醫師與中外研究經絡的學者及求診的病患參考。

　　中醫學說認為，從生命誕生以來，不論是普通的植物、動物，甚至高等生物如人類，經絡就一直存在。他認為，"經絡就是由固態水粒子組成的。" 如果經絡被堵塞，就會產生疾病。因此補充固態水粒子，就可以疏通經絡，使血氣暢通，預防疾病，延緩衰退；若是已有疾病，可以減輕，甚至康復。盧遂顯認為，固態水粒子的作用類似針灸。中醫說 "一根針能治百病"，但針不是藥，其實是一種物理反應。針刺進皮膚後，皮膚收縮，使堵塞紊亂的經絡被振動而重新排列有序，氣在其間變得暢通，就不會產生病痛，或使病痛消失。而當人們飲用帶有正負電排列有序的固態水粒子，也就是在堵塞的經絡附近，修建一條條通道，輔助血氣恢復流暢，以啟動免疫力與人體的自愈力，從而克服自體病痛，兩者原理相同。而且，固態水粒子若採取飲用方式，則得以更易於通體運行，不針不痛，達到更加全面有效的保健功能。

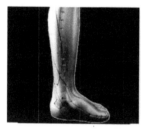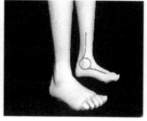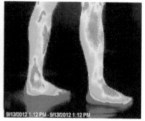

　　在紅外線掃描圖中，腎經是唯一打圓圈的經絡，而血管和神經不打彎，故經絡不是血管和神經。

　　作為一個物理學教授，盧遂顯堅持百分之百的效果證明，因此選用了最先進，無輻射性 "紅外線掃瞄" 的熱像圖配備他以中醫經絡學為基礎的獨創專刊，觀察各類病患在飲用固態水粒子 "固態水" 之前和十五分鐘之後改善的對比，以證實它的醫學作用。至目前止，有超過數萬張熱像圖，提供固態水粒子對健康的效果證明。此外，盧遂顯還發現固態水粒子經過經絡的地方，如果脈狀有問題，就會發熱，會在熱像圖中有所顯示。

其意外的收穫是間接證明中醫"經絡"的存在，因此亦著作《經絡與固態水粒子的關係》（Meridians and Stable Water Clusters）圖說一書，公諸於世，以茲佐證。

4、和波納維達教授再度合作

2013 年，盧遂顯和洛杉磯加州大學教授波納維達再度合作，在加州理工學院組織了第二屆國際"水和健康"研討會。除了加州理工學院外，尚有南加州大學、洛杉磯加州大學、華盛頓大學與來自紐約、三藩市、加拿大、巴拿馬等醫學與學術界學者專家二十余人與會演講。在會上，盧遂顯再度報告了固態水粒子的物理、化學和生物的特性，與會各教授和醫師們也分別闡述使用固態水粒子後在醫學方面的實驗效果。會後，波納維達教授和盧遂顯等再將會議論文編輯成《水和健康的國際研討專論》（International conference of Water and Health）一書發行。在這次會議中，班傑明波納維達教授提出的固態水粒子對癌症的作用特別引人注意。癌症是人體局部組織的細胞失去對其生長的正常調控，導致異常增生與分化而成的組織。波納維達博士以皮膚癌細胞所做的實驗，支持固態水粒子可產生更多的免疫力因數。究其原因，是因固態水粒子可修正缺陷基因。實驗還顯示了固態水粒子對癌細胞產生了以下三個明顯的作用：停止癌細胞的繁殖；引發癌細胞的死亡；令已對化療有抗拒作用的癌細胞更易接受藥物而死亡。除了癌症外，固態水粒子還對自閉症與多種慢性病患者有幫助。

5、固態水粒子打破当代中西醫对自閉症束手无策

盧遂顯說，自閉症是當代中西醫都沒有明確說法的病症，因此他花了近五年時間，潛心研究固態水粒子對自閉症的作用。他選定洛杉磯、南京、深圳和巴拿馬四地作為實驗基地，

先後在這四個地區進行自閉症的研究試驗。結果證明，七成以上自閉症兒童在飲用固態水粒子，十二個星期(或更短) 後，症狀都有顯著的改善。其間他也同時出版《自閉症與穩定水團研究》（ Autism and Stable Water Particles ）專書。2015 年 7、8 月間，盧遂顯再次前往中國訪問，與有關單位交流，期待對日益增加的自閉症、老人癡呆、偏頭痛、關節炎等多種慢性症患者，能有更多的實驗機會。

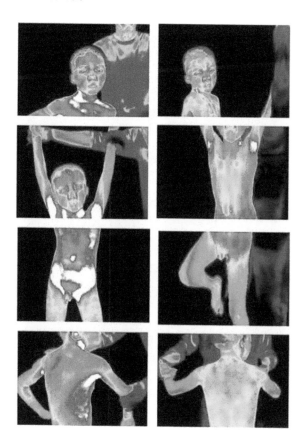

　　自閉症孩子紅外線掃描圖，顏色代表溫度：白色最熱，紅色次熱，然後是黃、綠、藍，黑色最冷，而綠色是健康顏色。

6、要对中华文化和人类作贡献，拯救汉字拉丁化，發明五笔打字法。

卢遂显是個科技學人，主要受西方教育，但是他對中華文化極為關注與愛護。他能將西方科學融入中華文化，使二者互補互助。1972 年，他與海外漢學家袁曉園女士在北京成立 "漢字現代化協會"，此後八年間，他用 "資訊理論" 來研究方塊漢字的 "信息量"，用漢字 "定量" 跟英文比較優劣，結果是方塊漢字高出四成。他編撰《漢字的科學研究》一書，於 1987 年 10 月由北京 "光明日報出版社" 出版。盧遂顯還不辭辛勞地走遍大江南北，在全國各大學巡迴演講，呼籲 "反對用拉丁字母代替漢字"，"反對廢除方塊字"，最終影響大局為保留方塊字做出自己的貢獻。1982 年，他以海外學人的身分，以 "五筆法" 發明製作中文電腦打字機，帶到中國生產。

卢遂显年逾古稀仍保持孜孜不倦的研發精神，尤其致力於各種對人類健康與綠化節能有益的專案開發。他時常陷於沉思，手中勾勒著不易令人理解類似豆芽的數學符號物理方程，還是不斷在演算他的推理和夢想。談到對人類的貢獻時，他說：

"我還有許多責任未竟，還有許多事情要做。"

2014 年 6 月應全球華裔物理學家協會邀請，赴新加坡南洋理工大學演講，
圖為講前餐敘。左起諾獎得主楊振寧博士伉儷、主辦人新加坡南洋大學高等研究所
所長潘國駒博士、中國駐新加坡大使館文化參贊肖江華、盧遂顯博士伉儷。

盧遂顯於 1980 年隨海外華裔高能物理學家訪問團前往北京，受到鄧小平主席歡宴。

圖左戴眼鏡者為卢遂显博士。

圖：美國高能物理學家卢遂显博士伉儷

二、美國世界日報醫藥版再次報導
《固態水粒子物理證實 "氣" 和 "經絡" 存在》

記者林奕均/亞凱迪亞市 2016 年 2 月 27 日報導

　　水是生命的源泉，人體內到處都是水。前加州理工學院（Caltech）客座教授、華裔物理學博士盧遂顯，花了 20 幾年的時間研究水，發現一種固態水粒子，並以物理中發現的穩定水團來解釋中醫奧秘，向西方人證實人體 "經絡" 和 "氣" 的確存在。盧遂顯說，在臨床實驗結果，發現固體水粒子確實能增加體力、提高注意力、減輕疼痛，有利於睡眠、消化系統和生殖系統功能，同時還可增加大腦記憶多重功效。

　　固態水粒子是由水分子 "排列有序" 所組合而成的，在常溫、常壓下不溶解，這些固體水粒也只充滿水分子，沒有其它任何有害身體的化學元素，而當人們飲用帶有正負電荷固態水粒子，它們會不斷的平衡和協調人體中不同部位的各種功能。在堵塞的經絡附近，開通另一條通道，輔助血氣恢復流暢，以啟動免疫力與人體的自愈力，增強輔助恢復身體的自愈機制。盧遂顯認為，中醫經過幾千年經驗積累，是老祖宗兩千多年傳下來的東西，學問博大精深，但原理很玄，難以被西方所接受。固態水粒子結合最嚴格、高端的量子場理論，從正負電荷角度呈現出中醫的"陰"與"陽"，以物理方法完美解讀中醫。他表示，中醫強調預防，初步透過物理理論解釋，已將中醫介紹與西方認識，接下來更重要的是把中西醫結合，不但是醫學發展方向也是人類健康發展趨勢。

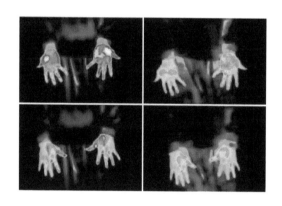

　　圖中病人是一名 61 歲，手部患有關節炎的男性患者。飲用固態水粒子前，手的熱像圖（左）比照飲用固態水粒子後，手的熱像圖（右），從紅、白色轉為綠色較健康的顏色。

　　他強調，西醫、中醫最大不同在於西方看重細胞、器官和單一身體系統，卻沒有綜合統一的大方向，無法將不同系統問題連接起來解決。舉個例子，心臟和免疫系統同時有問題的病人只能到醫院不同門診掛號，而中醫經絡角度來審視，卻能一次解決。人體除 14 個大經絡，還有許多密密麻麻的小經絡，將所有系統連接在一起。盧遂顯表示，飲用含有充分固態水粒子的"固態水"，就能像針灸一樣，對身體內失調的水團進行重新排列達到顯著在健康得以幫助，能改善各式各樣的病，不針不術不痛不藥便可達到保健功能。最快的實驗觀察是在使用紅外線掃描，得到身體的熱像圖，如果脈狀有問題就會發熱，會在熱像圖中有所顯示。病患在飲用固態水後，過 15 分鐘後觀察，不舒服部位會從白色（最熱），其次是紅、橙、黃色，轉為綠色（涼快），代表健康的顏色。

盧遂顯博士以現代科學語言解釋中醫，設法將中醫推向國際的舞臺，能為西方社會所接受。他希望作為開端，未來更多物理學家跟進持續研究，有望發展出一套更加安全且具革命性的治療方法，造福全球罹患疾病的患者。

三、美國鷹龍傳媒東方電視環球聚焦報導

題目：生命之水——訪問物理學家、中醫教授盧遂顯

主持人：蕭楓（共四節）

訪問實錄以問答形式摘錄如下：

1）固態水粒子、經絡圖像的科學證明

1. 主持人：盧教授，其實我對於您作為一個物理學家，我們南加州的朋友們瞭解您、認識您可能通過新聞報導，說您在加州理工大學中研究的時候，其中一個專案叫做固態水粒子，英文名叫做 stable water cluster，其實 cluster 我們更多是把它翻譯成簇，stable water cluster 水分子簇這個到底是個什麼東西？

盧博士答：它是這樣子的：我們的水呢，是一個氧兩個氫。所以通常氫是兩個氧是一個，氧是負的，氫是正的。

　　那通常的水裡面呢負正電它會中和，我用理論物理算出來因為可以把它變成順序的，可以變成一個水團，一邊是正，一邊是負，有非常強的電場。它是多分子，最少幾十億，甚至幾百億、千億以上的水團，它是有簇的結構，一邊是正電，一邊是負電，因為生命都是從水來的。正電、負電很配合中醫的陰陽電。

　　2. 主持人：盧教授，就你這個 stable water cluster（固態水粒子）還想再請教您。stable water cluster 是一種自然狀態下的存在的形態還是以一種我們人為的把它做成的，以人為某種形式改變形成的？

　　卢博士答：是的在沒有生物之前就有了這個結構，有了這個結構才有了生命。它原本是存在於自然界中。但是現在的自然界太髒了，很難在自然界找到，因此我們是以高科技的方法，在實驗室做出來的。

　　3. 主持人：他做出來是個多面的晶體還是一個，按照現在的科學方法，以我們現在的這個醫學影像技術可以看到很小的東西，可以看到它嗎？

　　卢博士：以原子力顯微鏡看到的是三維空間的圖，電子顯微鏡拍的是二維平面圖但能看到裡面的結構，我們拍了很多，拍了一整本書的。所以我們是說沒問題，它是存在可以看到的。

　　4. 主持人：所以這個東西是存在的，在目前看，現在您的研究還是在以一種人工的合成研究。

　　卢博士：是，因為人體是很複雜的，要證明體內的物質，是非常難找的。因為存在各式各樣的反應，所以我們是用間接的方法去證明經絡由這些水團組成的。

5. 主持人：說到水團，其實我想一般的老百姓大家瞭解的水大概三個狀態，氣態、液態和固態，我們談到固態，大家自然想到的是冰，而不是想到的這種所謂的 "水團"，也就是說，我們現在自然界的這種水的 3 種狀態和我們人體內，您認為，您希望通過這樣一個水的不同結構，我們稱之為 stable water cluster 來研究我們人體內的經絡，之間有什麼關係麼？

盧博士：因為這個水團不僅是固態，卻是在常溫常壓下是不溶解的。這個在物理上其實是很重要的發現。

所以我開始在 1994 年就做研究，1996 年發表第一篇理論的文章，以後都是和國際各知名大學的物理教授合作的。

6. 主持人：這是什麼物理現象？

盧博士：對於醫學的應用我們都是很小心的，因為很早我們就知道它有醫療的效果，但是沒有論斷，所以直到 2014 年我們第二次的國際會議之後，UCLA 的免疫系教授提出它能增加人的免疫能力這是他以雙盲實驗的結果。

7. 主持人：我是想說因為我們的觀眾朋友都不是科學家，不是物理學的學者，所以我想說，作為一個物理現象，或者說一個物理物質，不管它是多晶體、多面體，它是有正電和負電組成的這樣一個物質。作為這樣一個物質，您是如何把它想到和我們的人發生直接關係的？

盧博士：那以我們理論物理的預測，卻實是很少有人會想到的。其實中醫學就已經說，人體就是一個 "小宇宙。" 其複雜性，實際上也需要用理論物理去解決。因此今年來我研究中醫也像做物理一樣，先有假設，發表文章，構成著作，然後用理論指導實驗。先有理論指導方向，首先要能解釋針灸，一根針能治百病啊，中醫著作說最少對 150 種病都有用，那是不能否定的。特別是背痛，紮了就好。

8. 主持人：沒錯，現在很多美國人有時小孩子運動受傷，爹媽就說吃什麼藥，去找個針灸師紮一針就得了，他們都懂這個。

卢博士：是啊，吃藥有副作用，扎針沒有副作用。所以用物理解釋是最方便的。所以我就寫了這本書。"Biophysics Basis of Acupuncture and health"《針灸和健康的生物，物理基礎》。

我就首先解釋針灸為什麼有用，其實就是因為經絡是這些水團組成的，水團成簇的時候，電磁波能過去，人體裡面的經絡等於電線一樣，電磁波通過了，氣就過去，人就不會生病。堵了，就是不能互相交通了，就會生病。所以在進行針灸，動一動，就是經過一個刺激後的肌肉緊縮把經絡中紊亂的水分子變成直的。試想一下，我們飲用固態水呢，就等於在堵了的高速路中多建一條路，去修補疏通它。所以我把它整理出來，對所有人都有用的。

9. 主持人：那是，能把針灸用一個物理學的方法解釋的話，那將不僅僅是對針灸本身，最重要的是整個中醫，特別是中醫理論都是一個實質性的突破。

卢博士：最重大的環節，就是要理論的突破。中醫有兩個問題最難，經絡是什麼？另外氣是什麼？這個一下子都解決了，在這本書有說明。那麼經絡很簡單了就變成是水團組成的、固態水粒子組成的，那麼什麼叫氣呢，我把它定義為"量子場”。而且是非常嚴格的物理概念，證明對就是對，錯就是錯。

10.主持人：也就是一個可實驗、可重複的一個物理現象，也就是說到中醫、針灸我們可以從把老百姓的習慣接受變成了一種科學的一種認知。

2）　針灸、經絡系統和固態水粒子間的關係

11.主持人：大家好，歡迎回到我們的節目，盧教授，其實我要替所有的中醫師在這裡和你說聲謝謝。雖然他們都是這種醍醐救市對人們有很大的幫助，但是他們苦於把很多治病的方式和治病的理論說不清。所以大家一直在探討說我們能不能把中醫用一個現代的科學方法來證實它。

盧博士：我舉個例子，在世界上很多西醫的教授，很相信中醫，但是卻沒辦法回答學生的問題。“經絡”是什麼？“氣”是什麼？“五行”又是什麼？經絡和肺、腎有什麼關係？所以在我的英文著作《針灸和健康的生物，物理基礎》裡都完全解決了。

12.主持人：您說的這個解決的東西我還要請教您，雖然我沒有讀您的書但還想請教你一個問題，我記得，有一位科學家，他曾經說過這樣一句話，不知道對不對，他說中醫實際分兩部分，中醫學和中藥學，他認為中藥學是已經被證實的是一種科學，什麼草藥，提出什麼物質，這個物質可以對人疾病有什麼影響，這個東西可以通過實踐和理論能夠解釋，中藥學是有一個現代藥理學基礎的。可是中醫學，他說是哲學，不是科學。不過，您的這個發明，好像要推翻了這位教授，這位權威的說法了。

盧博士：首先不管是針灸還是中藥都是還沒有定量的，都不是客觀的。所以我首先用紅外線儀定量，就能把經絡拍出來。我先假設經絡是水團組成的，再加上很多針灸的證據，等於把中醫千千萬萬人的證據用理論物理來解釋，都可以推導出來，然後把每個人的健康狀況改善了。我使用這個紅外儀已做了七、八年的人體試驗，每個人都只喝一杯定量固態水，喝了之後 15 分鐘再拍，他的經絡就通了，身體發炎的地方就有所改變，無一例外。所以現在是，誰不相信經絡你可以找他來，每個人都會有些小毛病、大毛病，通常年紀比較大的人，最常見的是胃經不通，腸胃不是太好，也不去看醫生，但自己知道挑食。比較嚴重的是背痛，背痛通常就是反映到膀胱經和督脈不好，或者男士的前列腺有問題。每個人的經絡都可以看到，無一例外。所以，我出版了一本書，關於經絡的英文書籍 "Meridian and stable water clusters" 《經絡和固態水粒子》，有人說針灸是有關神經系統的，他們認為經絡不存在，但其實不然，比如你看腎有問題的話，我們就可以看到腎經會發炎，看到了腎經在發熱。腎經修補好了的話，炎熱就會消失。

13.主持人：不過我們還是要替觀眾和聽眾朋友請教您，我們回到經絡說，現在您認為您的固態水粒子實際上就是對經絡學的最好的解釋，可是這個固態水粒子本身是不是一個現在自然存在的東西？

盧博士：有可能在某些很乾淨的地方比如高山，那裡的人都很長壽，他們喝的水裡面就有這個物質所以他們都很長壽，像喜馬拉雅之類的高山上。

14 主持人：也就是在比較純淨的環境下，也許它還會存在這個物質，但是作為我們體內來講，這個東西能不能夠定性、定量？

盧博士：在這本書《針灸和健康的生物，物理基礎》的後面，我有提出一些預測，實驗將來如果有能力，也許可以證明在體內也可以存在。不僅可以把它定性、還可以定量。

15.主持人：好吧，經絡可能大家暫時不太理解，那我們從針灸來說，用目前針灸理論來解釋，他們認為人類解剖學所發現的神經傳導，可以影響到我們的肌肉和軟組織，因而產生了治療效果。

盧博士：所以我剛就說了，神經系統不會發熱的，熱像圖上看不到的，但經絡發熱熱像圖能看到，所以很多的問題，神經系統沒有辦法解釋。

比如說胃經，胃經臉上就有，但是神經是不會發熱的，但是通常人的胃生病的話臉上的胃經就都會發熱發炎，用紅外線圖就能看到。

16.主持人：所以發炎的時候，它會引發出不同的因數來治癒這個病，在彼此的對抗當中產生的這個物質就是熱。所以我們體表感覺的發炎的時候會有有發燒的症狀，都是因為這樣一個炎症的過程，實際是自己內部治療的過程。

盧博士：通常來說，發炎都會全身發熱，就好比胃出毛病，就會發熱，發熱的原因就是需要增加血液去把它治好。胃經等於像一個光纖一樣傳到臉部、腳前面，特別是足三裡，所有的針灸師都喜歡紮足三裡，比如紮老鼠的足三裡它的胃是會動的。所以有太多東西西方醫學無法解釋，但是用現代科學儀器像 CT 掃描、MIR 都是物理學的手段，卻能看到很多新的東西和現象。

17.主持人：所以應該專門有一些儀器專門探測固態水粒子在體內的運動，或者在體內的變化這也許對經絡學不僅僅是解說，也在未來的中醫治療實踐有一個非常好的指導作用。

盧博士：對，我是以美國軍方近幾年才釋放的紅外線儀器加上我自己設計的軟體配合做檢測，表現在對各式各樣的人的健康都能在 15 分鐘後有所改善的圖像與數據效果，比如說癌症、神經系統和關節疼痛等。

18.主持人：盧教授，這樣吧我們把自閉症放到後面去講。因為我還是想請教您一個帶有普遍現象的問題，如果我們假設您的理論和您的實驗得到普遍認知和認可之後，在經絡本身，您的這種固態水和我們現存的現代科學認知的比如說我們的淋巴液、我們的血液、我們的神經有任何關係嗎？

盧博士：人最小的組織就是細胞，比細胞大一些的是器官，比器官再大一些的是系統，但是各式各樣的系統怎麼把它連在一起？在醫學書中並沒有強調，因為講不通，學生一般有疑問都說是神經，但是神經太複雜了並不能很好解釋清楚。但是從中醫來說就很簡單，所有的這些系統是由一個更大的系統，也就是經絡系統把它連在一起的。

3）經絡形成的網路、細胞和疾病

19.主持人：大家好，歡迎您再次回到我們節目，還是要替觀眾朋友請教盧教授，既然您說到了一個大的系統：經絡系統，既然作為一個大的系統，他們之間有必然的聯繫，如果假設您這個固態水粒子經絡系統是存在的，這個經絡系統和我們現在的生理、我們的解剖學當中所提到的淋巴系統、血液系統、神經系統這些連系全身的系統之間有關係麼？

盧博士：當然有關係啦，特別是氣，所以你看中醫師都說
"氣血"而不是血氣，氣到了，血才到，所以氣不到，血到也
沒用，我有很多圖片都能證明這些中醫的理論是很正確的。西
醫才 100 年，他們有系統測試頂多是幾百人、幾千幾萬人，但
是中醫針刺背痛好的，至少是幾千萬人。顯然中醫的治療效果
已經毋庸置疑了。但是怎麼去解釋它？我花了廿餘年研究出來
的這個固態水粒子都能解釋，而且都是準確度達到 100%，喝
一瓶固態水之後馬上改變，無一例外。所以誰不相信經絡的存
在，請來我們的實驗室，可以替他拍，不是胃經有問題，就是
膀胱經有問題，大腸有問題，沒有一個人是完全沒有大小健康
問題的。

20.主持人：如果我們的觀眾聽眾朋友能夠接受您的理論實
驗，下一個問題大家比較有興趣的恐怕是，我們既然知道了經
絡的物質基礎，它是一種物質，它不是一種我們在哲學概念上
的一種理論性的推測，既然是有物質基礎，而且有水團簇的這
種物質被科學證明是已經存在的，而且您已經可以把它作為一
個物質提煉出來已經變成一種物質存在了。我的下一個問題是
想請教說，它的醫學作用是什麼？或者說它如何作用？

盧博士：一言以蔽之，它可以修補經絡，疏通它。通則不
痛，不痛則通。比如我們高速公路堵了，怎麼辦？什麼都不通
了，我們就在旁邊另外開闢一條高速支路 bypass，所以氣還是
照通，還是照樣可以過去。

21.主持人：也就是說，我可不可以這麼理解，它就相當於
是一個藥，能那麼說麼？

盧博士：我們不認為它是藥，因為它不直接治任何病，只
是把你自我的抵抗力提高，以身體的力量擊潰疾病，因此它不

是藥，所以也沒有可怕的副作用的風險。

大家可以參考 UCLA 的博納維達教授有做過的一個老鼠實驗，其結果有三個：令癌細胞自殺、不繁殖和消除癌細胞對化療的抗拒力。其關鍵是固態水粒子能修改基因的表達，有關閉壞基因和開啟好基因的能力。

22.主持人：它是由免疫物質的增加或者說是免疫體的整個能力的提高？

盧博士：都是。

23.主持人：免疫能力的增加應該說是一個生理現象，它並不是一個真正的治療手段，因為免疫系統的增加在人體來講有好的一面也有不好的一面，好的一面，抵禦外來的感染，有一個抵禦外侵的作用，但是，如果你的免疫系統太過於活躍的話，自身免疫疾病甚至一些過敏疾病反而會使病情增加。

盧博士：所以現在西藥對這些疾病都沒辦法，它只能提高不能減少，而固態水粒子是可以調節這個是自我免疫的能力，太多的可以減少，太少的可以增加。這個現象與功能從中醫來說是瀉跟"補，"是同時可以調節進行的。

24.主持人：我懂您的意思，補我可以理解，喝點固態水會增加你的免疫效果，但是瀉怎麼做呢？

盧博士：瀉其實很簡單，比如說排毒。排毒也不是化學作用，是你自己排毒，現在就是增加你自身的能力，氣血到了，就會把所有的毒排出去。所以通常來說如果，毒性多的話飲用固態水後，當天晚上皮膚可能就會癢或多上廁所，每個人的反應可能不一樣，這個就是最明顯的生理作用。

25.主持人：那這就是回到中醫理論，中醫其實嚴格來講，中醫並不針對現代醫學的某個病去治病，而是提高周邊的你的健康基體的能力來對抗疾病。或者說來降低造成疾病發生的各種因素，來使疾病自我癒合。也就是說如果固態水可以有這樣一種效果的話，那我還是想問這一點，因為細胞和血液和淋巴和神經之間的關係在現代醫學已經可以說的很清楚了，任何一個組織細胞和這三者之間都有多或少的一定的關係，可是跟我們的經絡，畢竟我們老祖宗在理論裡並沒有細胞這個概念，這個東西如何發生關聯呢？

盧博士：所以我就要把中醫重新擴充，中醫只有 14 條經絡，經是大的，小的叫絡，有一些更細的叫孫，我們可以打個比方，好比公路有小路還有更小的路或水流有江、河、渠、經、溝等，就好象互聯網，但是血液是沒有資訊的，只供給營養，血液是單向的多，回流的比較少。所以我認為中醫的經絡是一個網路，不單每一個器官有，每一個細胞也有，所以把中醫的理論變得更精細，而且也更容易去測試。我們的生命都是一個個從單體細胞開始分裂變兩個、變四個變多個細胞，如何從第一個細胞傳送資訊到其它的細胞就是要通過經絡的傳遞。因為其中存在固態水，而這種水粒子又是特別的。

26.主持人：這個聽起來特別的誘人，以前大家總是持有懷疑態度，甚至很多科學家都喊出來中醫無用論，早在上個世紀1919 年新文化運動就有打倒孔家店取消中醫的口號，現在來看，雖然我們中醫還在實踐當中，幫助我們每一個人，就像您說的，西醫出色的大夫當他碰到一些疾病的時候他還要求助於中醫，儘管他不認為中醫理論他能接受，但是依然他還認為中醫的重要性，但是當您的工作完成以後，把實現了中醫理論的核心部分，任何理論除了有一個理論基礎，在醫學方面，你必須有一個物質基礎，說白了就是要看得見、摸得著。如何能看得見、摸得著，大家更關心的固態水粒子能夠像您說的那樣喝下去就可以對我們的經絡有所改善，從而改善細胞，從而影響疾病的痊癒，有沒有它的醫藥作用？

4）自閉症和固態水粒子

27.主持人：大家好，歡迎您再次回到我們節目，剛才我們跟盧教授探討的是中醫理論當中最重要的環節那就是經絡，多少年來，每個中醫師都咬牙切齒的告訴你經絡確實存在，但是又都無可奈何的說我沒看見。盧博士：您通過經絡，通過一個固態水粒子的研究，可以對自閉症的發病能有一個解釋？這讓我非常的吃驚，因為我曾經工作過幾個大學，其中一個華盛頓大學一批教授用通過基因的方法、通過遺傳的方法，來研究這個自閉症到底發病的物質基礎是什麼，到今天為止也沒找到。您如何解釋？

盧博士：我是刻意要找一種別人都無法做到的實驗來做，才能顯出它的價值。比如說自閉症西醫很難解釋，但我能解釋，現在都以為是腦的問題，這一點，我就不贊同，從中醫來說，如果腦有問題，最少 6 條陽經有問題，但 6 條陽經哪條有問題呢，每個小孩都不一樣。現在我很明確地說，比如我拍紅外線的圖片，腦部白色發熱，當然說明腦有問題，然後背也有問題，飲用固態水當然是最好的例子，喝了 15 分鐘之後，發炎的白色顏色就變淡了，馬上就有改善，而且不光是腦的改善是全身都有改善。

自閉症不是因為只有腦神經本身出了問題，而是因為它的經絡本身某一個部位，出現了一些異常。

舉個例子，加州理工大學的教授他從老鼠做實驗，在懷孕的時期如果母鼠的免疫系統太活躍，40%的老鼠都有患自閉症。

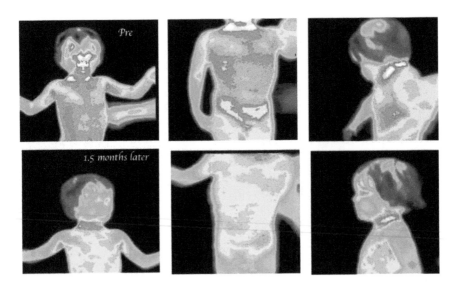

　　所以當我和他說腦的問題是其它的問題引起的，他也很同意，他也願意和我合作，也同意我的觀點。自閉症的小孩，其實很多消化系統也都有問題，例如他們很多大腸都不好，所以這個都很明確的。

　　28.主持人：但這個只是間接說明，直接的證據呢？

　　盧博士：直接的證據就是用紅外線照相拍到熱像圖一拍就拍出來了，你看（盧博士舉例他為自閉症出版的專書中的圖片佐證），這個小孩腸是發熱的，直接拍出來的，喝了水之後趨冷就好了，但是明天他不繼續喝下去，可能又會熱起來，但這個是明顯的 15 分鐘之內有效果，因為我們所需要的是立即的效果。

　　也就是說固態水並不是針對特別某個疾病，而是經絡本身的一個全面疏導。它並不是一個藥理作用。這個非常重要，它等於說像一個養生健康產品，因此喝多了也沒問題，沒有副作用。

29.主持人：您除了觀察到您這些影像學的檢查發生的變化之外，在生理指標上有什麼影響嘛?

盧博士：我和 UCLA 的癌症專家在加州理工學院開過一次會，他曾做了個癌細胞雙盲實驗，48 小時候，他發現固態水粒子對癌細胞有 3 個作用：第一個癌細胞不繁殖了。第二有些癌細胞開始自殺了，因為癌細胞通常情況下不會自殺的，普通細胞才會自然死亡。第三癌細胞抵抗化療的能力減弱了，重要的發現是固態水粒子可以控制基因的 on and off（開關），可以把帶病的基因 turn off（關閉）就不會發病了。請參考第九章加州大學洛杉矶分校 UCLA 的研究報告

30.主持人：我想您可能還有很多的科研工作要做，基於那麼多有趣的現象被研究出來，如何更加明確的把它治療的方向和效果，恐怕這對未來的醫學治療應該有一個非常長遠的一個意義。這其實蠻重要的，作為科學來看，任何一門科學之所以能成為科學都是因為可以重複實驗，只有可以重複的東西才可以稱之為科學。最後，我還想請教您固態水粒子這樣一種物質，在未來雖然在目前看它不是一種藥，但是它在各個疾病的治療當中，都扮演一個角色，它的理論突破也就是您最重要的理論認知是什麼？

盧博士：那就是人類本身就具有強大的 "自愈能力，" 恢復這個能力就可以了。200 多萬年來人類一直在進步，這兩百多萬年前都沒有醫生，靠得就是自身的治癒能力。

31.主持人：這符合中醫理論的。中醫理論講究的就是自身的自我調節、自我保健，這點確實非常重要，而且對於現代科

學來講越來越接受中醫理論上的東西，因為在做癌症研究的時候，有很多方法可能不專門針對癌細胞，而是阻斷癌細胞周邊的一些營養供給啊，或者惡化其周邊的環境，以此來餓死癌細胞，類似中醫理論的這種研究越來越多了。不過，經絡作為一個理論談了上千年，在科學當中一直難以證實，您今天把它證實出來這個意義是非常重大的。我是想說，你對於經絡的研究是基於現代醫學疾病的研究還是結合中醫理論的研究，這兩條路您喜歡走哪條路？

博士盧：作為一個中國人，尤其是粒子科學家，我當然是想全面的提升中醫的理論，因為它博大精深是我們中國人數千年文化的瑰寶，但缺乏儀器，缺乏可觀測性，因此我就想把它的範疇做出來。比如說 "氣"，我就要做一個儀器把它量出來，"氣功" 為什麼有用，我也要證明出來。需要中西兩方面科技與哲學的結合，從而做出可以重複性的實驗證明出來，那將會是人類顛覆性的養生健康預防醫學的重磅。

四、聖地牙哥《華人》誌封面人物《物理學家盧遂顯與經絡水》

以下用原本杂志图片及文章

封面人物

從經絡水談起

——訪物理學家盧遂顯博士

　　人說"水是生命的源泉，人體內到處都是水"。然而，您可曾知道水有幾種形態？固態水是什麼？水粒子是什麼？經絡水是什麼？他們和中醫經絡有什麼相連的關係？為什麼能對人類的健康起到作用？為什麼要研究？……

　　帶著太多的疑問，我們專程到洛杉磯采訪了長期專注於研究水的芝加哥大學物理學博士、前加州理工學院（CalTech）客座教授、現任中醫大學博士班研究生指導教授的盧遂顯博士（Dr. Shu Yin Lo）。

　　盧遂顯博士花了二十幾年的時間潛心研究水，終於發現了"固態水粒子"，並以物理學中的穩定水團來解釋中醫奧秘，向西方證實人體"經絡"和"氣"的確

存在。他的科學研究成果，為人體自身免疫力的提高，為中醫從哲學範疇走向科學範疇，起到了重要的推動作用。

　　盧博士的"經絡水研究室"之一坐落在阿凱迪亞一座熱鬧的超市旁。從外面看起來并不太起眼。然而進得門來，卻是另一番天地。但見到處是有關書籍，兩個展柜裡擺滿經絡水的產品樣本。整潔明亮的裏間則是經絡水試驗室，有封閉式攝像間，有數臺電腦顯影和分析數據庫。盧博士的研究工作（史是熱情所在）就是每天在這裏進行。盧博士和他的太太陳士美女士在店裏接待了我們，探訪從經絡水開始。

一、神奇的 "經絡水"

《華人》：盧博士，近期對媒體報道您的文章和視頻看了不少，但仍有點迷惑。先請您講講水，解釋一下固態水、水粒子、經絡水這三個名詞，他們是一種東西的不同說法呢，還是三種不同的水形態？固態水和經絡水又有什麼聯繫？

瓶裝經絡水。

盧博士：水是生命的源泉，是唯一有固體、液體、氣體三態的物質。固態水粒子是由水分子 "排列有序" 所組合而成的，在常溫、常壓下不溶解，這些固態水粒也只充滿水分子，沒有其他任何有害身體的化學元素。

早在五十年前，科學家就提出DNA分子的雙螺旋結構，所有的生物都有DNA。而DNA是很複雜的分子，怎樣才能從普通水變成DNA？我認為，要經過纏繞中雙螺旋結構的固態水粒子。因此，固態水粒子就是生命的發源。一旦生命開始，就有固態水粒子的存在。細胞與細胞之間的交往和信息傳達，就是通過無數固態水粒子形成而結集的一股一股經絡，在人體中進行導電以維持生命，因此經研究團隊建議，冠以 "經絡水" 為其俗名。也就是說，固態水是科學名詞；經絡水是商業的品牌名字。

而當人們飲用帶有正負電固態水粒子，它們不斷地平衡和協調人體中不同部位的各種功能。在堵塞的經絡附近，開通另一條通道，輔助血氣恢復流暢，以激活免疫力與人體的自愈力，增強輔助恢復身體的自愈機制。

總之，固態水也就是水中之鑽石，是特別深具價值，有益人體健康的水。

《華人》：固態水是怎樣對人體健康起作用的？你所拍攝的圖片為什麼叫 "熱像圖"，圖中的各種顏色分別代表什麼情況？為什麼會有不同的顏色？他們的作用是什麼？是怎麼跟中醫的 "經絡" 聯繫上的？您的研究與中醫有什麼關係？

盧博士：喝含有充分固態水粒子的 "經絡水"，就能像針灸一樣，對身體內失調的水團進行重新排列達到顯著功能，但它本身不是藥物，能改善各式各樣的病，不針不痛便可達到保健功能。最快的實驗觀察是在使用紅外線掃描，得到身體的熱像圖，如果脈絡有問題，就會發熱，會在熱像圖中有所顯示。病患在飲用經絡水後，過15分鐘觀察，不舒服部位會從白色（最熱），其次是紅、橙、黃色，轉為綠色，代表健康的顏色。

至於說為什麼叫 "熱像圖"，因為我們用的是紅外線的圖，電腦把紅外線的強度化為濃度表達，拍攝的人或物表面的溫度，始於對人的瞭解，故此也稱 "熱像圖"。這樣的設計比較直接讓人瞭解記得。

中醫是經過老祖宗兩千多年經驗累積傳下來的東西，學問博大精深，但原理很 "玄"，難以被西方接受，固態水粒子結合西方最嚴格、高端的量子場理論，從正負電角度呈現出中醫的 "陰" 與 "陽"，以物理方法完美解讀中醫。

中醫強調細節，初步透過物理理論解釋，已將中醫介紹予西方認識，接下來更重要的是把中西醫結合，不但是醫學發展方向，也是人類健康發展趨勢。

《華人》：請問中醫和西醫的最大區別在哪裡？

盧博士：西醫、中醫最大不同在於西方看重細胞、器官和單一身體系統，但卻沒有綜合統一的大方向，無法將不同系統問題連結起來解決。舉個例子，心臟和免疫系統同時有問題的病人只能到醫院不同門診掛號，而中醫經絡角度來審視，卻能一次解決。人體除14條大經絡，還有許多密密麻麻的小經絡，將所有系統連結在一起。

中醫具有深厚的物理學基礎，他將針灸、氣功、穴道、經絡，以物理原理加以研究，我認為都與經絡所賴以通暢的水有關。我在2005年出版了《針灸和健康的生物物理基礎》（Biophysics Basis of Acupuncture and Health），書中研究人體內水環境以及水對人體健康的影響，因而提出了 "固態水粒子就是人類賴以維持生命的經絡水" 的概念。

為此，我特別出版了一張簡明扼要的掛圖，名為 "經絡的科學解釋"，加上中、英文的說明。該掛圖除了以簡單物理學語言解釋針灸治病過程的基本理論外，其中更有 "經絡圖像"，供中醫師與中外研究經絡的學者及愛念的病患參考。中醫學說認為，從生命誕生以來，不論是普通的植物、動物，其至高等生物如人類，經絡就一直存在。我認為，經絡就是由固態水粒子組成的。如果經絡被堵塞，就會產生疾病。因此補充固態水粒子，就可以疏通經絡，使血氣暢通，預防疾病，延緩衰退；若是已有疾病，可以減輕，甚至康復。

固態水粒子的作用類似針灸。中醫有 "一根針能治百病" 之說，但針不是藥，其實是一種物理反應。針刺進皮膚後，皮膚收縮，使堵塞紊亂的經絡被振動而重新排列有序，氣在其間變得暢通，就不會產生病痛，或使病痛消失。而當人們飲用帶有正負電排列有序的固態水粒子，也就是在堵塞的經絡附近，construct一條條通道，輔助血氣恢復流暢，以激活免疫力與人體的自愈力，從而克服自體病痛，兩者原理相同。而且，固態水粒子若采取飲用方式，則得以更易於通體運行，不針不痛，達到更加全面有效的保健功能。

作爲一個物理學者，需堅持百分之百的效果證明，因此運用了紅外綫掃瞄的熱像圖，觀察各類病患在飲用固態水粒子「經絡水」之前和十五分鐘之後改善的對比，以證實它的醫學作用。至目前爲止，有超過一萬張熱像圖，提供固態水粒子對健康的效果證明。此外，我還發現固態水粒子經過經絡的地方，如果臟狀有問題，就會發熱，會在熱像圖中有所顯示。其意外的收穫是間接證明中醫「經絡學」的存在，因此亦著作《經絡與固態水粒子的關係》（Meridians and Stable Water Clusters）圖說一書，公諸於世，以茲佐證。

固態水粒子的原子顯微照片。

在原子力顯微鏡圖中，固態水粒子呈螺旋形。

《華人》：您期望您研究的固態水粒子項目將來發展的趨向是什麼？
盧博士：最迫切的是先大力推廣應用在人的健康醫學上。例如，改善自閉症兒童的健康，甚至消滅自閉症；預防癌症在廣大地區的發生；老年人常喝，可大幅度提高健康，推延老年人的壽命，令老年人愉快生活甚至對家人有更大貢獻！

《華人》：您認爲中醫和西醫的結合是可行的嗎？按照您的設想，中醫和西醫最好的結合點是什麼？您認爲現在二者的結合走到了哪一步？您的研究如何促進和推動二者的結合？
盧博士：中西醫結合，首先是要在理論上的結合。主要靠的是量子物理、量子化學和量子生物學，或是在量子理論指導下應用在醫療人體的科學，或可稱爲量子醫學，或普遍稱爲「整體醫學」。我已經初步有結果

了。

二、執著的科學家

《華人》：請簡單介紹一下您的個人背景？
盧博士：我原籍廣東省，出生在廣州市，父親盧朗天為中央銀行廣州分行會計科主任。八歲時，隨家人逃難移居香港，先後就讀於香江首屈一指的培正小學及中學。

《華人》：中學畢業之後呢？
盧博士：培正畢業後，我獲得俄亥俄州的丹尼生大學（Denison University）的全額獎學金，不久又轉學至伊利諾大學（University of Illinois Urban）就讀，在這兩所大學裡，我利用大量時間與寒暑假，與教授、研究生們參與固體物理、核物理、粒子物理等三種實驗，頗有成績。1962年，獲得了該校罕有的榮譽學士學位獎。
大學畢業後入研究院，進入了夢寐以求的芝加哥大學（University of Chicago）。這所大學是物理學家的搖籃，走出包括李政道、楊振寧和崔琦等三位諾貝爾物理獎的華裔得獎人物。
在芝加哥大學，除了主修的物理之外，我也從人文、哲學、社會、經濟各方面都增進了許多知識，這對我日後的科學研究工作產生極大的助益。1966年芝加哥大學畢業，取得了博士學位，時年二十五歲。

《華人》：拿到博士學位之後呢？
盧博士：拿到博士學位時，英國牛津大學附近一個新建的高能物理研究所正在招聘研究員，該研究所是英國最大的加速器研究所，研究能產生高能的中子（沒有帶電的核子叫中子）於是我便成爲他們第一期的研究員之一。三年後，辭去工作，轉往當地的Glasgow大學任物理系任教。又三年，被澳洲墨爾本大學以優渥條件羅致，任教三年後，獲得終身教授，在那裡任教一共長達十五年。
在墨爾本大學的十五年裡，我曾經督導過六位物理博士生畢業，還完成多篇論文著作，其中《強子散射的幾何模型》（Geometrical Pictures in Hadron Collisions）一書最受科學界重視。此外，每年寒暑假，應邀到世界各國去講學，包括到中國多所科學單位做研究，發表多篇專題研究報告。在國際認可的物理與醫學專刊上發表了專業論文百餘篇，擁有三十多個專利項目。1986年，我爲墨爾本大學寫了一個核能玻色子（Boson）的專利，但學校認爲茲事體大，不能接受，就把專利退還給我。後在

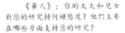

封面人物

一位企業家的支持下，就直接向政府申請專利，沒想到驚動了國防單位，片下令封口。

於是，我放棄在澳洲的終身教職，返回美國。回美國後這項目還邀請過中外許多權威科學家支持重複演算，並和加州理工學院合作組成一個團隊，探索了多種通訊和能量應用的高能玻色子束的概念，來證實我的理論。後來，項目在企業家暗中炒作下，借殼上市漁利，但卻無疾而終。當時，真讓我這位不諳生意的學者陷於錯愕與無奈之中。

《華人》：請問這不是您開始研究水的原因？研究水跟您所學的物理學專業有沒有關繫？

盧博士：是的，正由於此，我轉變研究方向，重新拾起自1993年已經開始的研究水的奧秘，主攻固態水粒子研究。

當時我認為，環境污染和各種食物基因的改變，已為人類健康帶來空前未有的浩劫。如何解救人類減少醫藥之苦，應該是社會最大的課題。固態水粒子當時的科學學名叫"穩定水團"。從1993年起的四年時間裡，我和洛杉磯加州大學（UCLA）在內的科學家們合作，召集第一屆有固態水的國際學術會議，中外學者六餘人出席。

1997年，和時任洛杉磯加州大學的免疫系主任、肺腫瘤專家本杰明·波納維達教授（Benjamin Bonavida）將會議結果合著成一本科學教材，名為《穩定水團的物理、化學、生物特性》（Proceedings of the First International Symposium on Physical, Chemical, and Biological Properties of Stable Wate(IE) Clusters）一書。此後，我一頭埋入水與水的基本構成相關的工作，"水"幾乎占去了全部的工作時間。由於醉心於水，因此得了個"水癡"的綽號。

《華人》：在研究固體水的過程中，遇到的最大阻力或者說困難是什麼？您是怎樣面對和克服的？

盧博士：當前遇到的最大問題是經費問題；當然，多錢、多用，小錢、小用，無錢時用自己的積蓄。

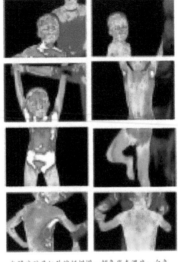

自閉症孩子紅外線掃描圖。顏色代表溫度：白色最熱，紅色次熱，然後是黃、綠、藍，黑色最冷，而綠色是健康顏色。左圖有熱，喝了固態水一刻鐘後，右圖症狀改善。

《華人》：請問固體水是否是您最重要的和最後的研究項目？

盧博士：中醫的最高境界"精氣神"方面的"氣"，就是下一步必須完全解決的問題。我認為也應該定性、定量，我對研究"氣"很有興趣，已經做好了準備。

《華人》：你的太太和兒女對您的研究持何種態度？他們主要在哪些方面支持您的研究？

盧博士：我的家人都非常支持我的研究，特別是內人，她是全方位的支持！不辭勞苦或財務的透支。不僅支持，幾乎是鞭策著我和緊密配合全面開展所有研究項目。

三、癡迷的文化人

《華人》：您是一位科學家，請問為什麼您喜歡傳統文化？

盧博士：我是個科學人，主要受西方教育，但是從小就對中華文化極為關注與愛護。要將西方科學融入中國文化，使二者互補互助，造福人類，是我自幼就立定的心願。

《華人》：您曾經和漢學家袁曉園女士一起創辦了"漢字現代化協會"，請介紹一下協會成立的動機和發展現狀。

盧博士：1972年，我與海外漢學家袁曉園女士在北京成立"漢字現代化協會"，此後八年間，我用"信息論"來研究中國方塊文字的"信息量"，用漢字"定量"跟英文比較優劣，結果是方塊漢字高出四成。我的《漢字的科學研究》一書，於1987年10月由北京光明日報出版社出版。

因此，"漢字現代化協會"最大的成就是阻止了全中國文字拉丁化。1980年，政府已經準備把全國的漢字取消，用拉丁化的漢語拼法代替，如越南一樣；袁女士和我及國內一班對文字深有感情的人在一起，在政治文化等方面極力反對，我的責任就是用信息論批判拉丁化錯在什麼地方，而比諳多少，定量地計算出拉丁化的文字在信息論上是較劣的文字。

那個階段，我們不辭辛勞地走遍大江南北，在全國各大學巡地演講，呼籲"反對用拉丁字母代替拼音"、"反對廢除方塊字"，最終影響大局，為保留方塊字

封面人物

最終影響大局，爲保留方塊字做出了自己的貢獻。

《華人》：請簡介一下您研究中文輸入法"五筆法"，和我們在國内學習的"五筆字型輸入法"有什麼異同？

盧博士：我是在七十年代發明的中文輸入"五筆法"。1982年，我以海外學人的身分，以"五筆法"發明製作第一部中文電腦打字機，帶到中國大陸生產，其當時的優勢是可作"牽引"，尤其可以"容納"各種外語（如韓語、日語）中使用的漢字。這個發明，提升了中文打字軟件的品質。可惜當時被有心人以外籍人士不得在國内經商爲由排擠，從而抄襲應用。因此至今國内的"五筆法"還是不能用來做索引Indexing的功能，從科學原理上和應用上來看，我所創立的"五筆法"還是最好的，而且比任何中文輸入法都好，可用信息論算出來的，這絕不是自吹自擂。

中國經濟是起飛了，但與西方相較，文化的發展依然處於劣勢。我認爲，要用現代西方的量子論，以提升中華文化，才能使其國際舞臺的競爭士百戰百勝。

《華人》：您最崇拜的人是誰？

盧博士：在我人生的每一個階段，在我學術生涯研究的每一個科目每一個時期，都有一些不同崇拜對象，或更貼切地說是我學習的榜樣。在我七十歲的今天回顧，我崇拜的人也不免都有其缺點，有不應該惋傷的地方。孔子所說，"三人行必有我師"，是誇大一點，但也是可行的！

《華人》：您認爲爲科學家應具備什麼樣的基本素質？

盧博士：科學家最基本的素質非常簡單，就是尋求真理，並且能把真理向其他人解釋明白；同時對你所追求的真理的應用，要負道德上的責任。

《華人》：您在研究生活之外的閑暇時間怎樣度過？

盧博士：研究生活之外，我喜歡閱讀，運動，聽音樂，看電影等，普通文化人過的生活。

《華人》：您對年輕的物理學家或科學家有什麼忠告？

盧博士：年輕的物理學家和科學家要全面宏觀地觀察整個社會和科學的發展趨勢，要選擇自己能力所及的科目研究，在能創新的地方花大功夫作出成績來。

《華人》：最後一個小問題：我發現您的工作臺旁邊的牆上有一則書法作品，上面是"淮南子·原道訓"："夫善游者溺，善騎者墮，各以其所好，反自爲禍。"您挂在每天工作的地方，是巧合？或是有什麼含義嗎，以告誡自己什麼嗎？

盧博士：哈哈，挂這幅字在牆上是我内人的主意，這幅字是書法大師燕芳我的作品，内容也符合陰陽、正負并存人間的真理。内人以其文意自諫，也爲自己常常衝動的投入各種公益事務的傻勁比喻。例如她在2009臨近古稀之年，還呼籲南加華人共同來寫自己的移民史，她自己更是投入四、五年的時間，日夜匪懈的主導編撰，才於2014年成就逾百萬字的《南加華人三十年史話》一書。然後持續至今英文版還在多位專家學者的協助下繼續勤力進行中，最快也要明年才能出版。如此算來正是用去她人生的十分之一時間在這份義工的投入上。回顧起來，不免令諸多好友讀者暗暗其得失。又蒙燕老贈此書作義助，因此内人常以恰如其文意自我解嘲，自諫、自激亦自勵，我個人也是非常佩服她那份不畏艱辛勇於負責爲人處世的風格，哈哈。

（封面攝影：林　宏）

盧遂顯（左一戴眼鏡者）於1980年隨海外華裔高能物理學家訪問團前往北京，受到鄧小平接見。

盧遂顯（右二）於2014年6月應全球華裔物理學家協會邀請，赴新加坡南洋理工大學演講，圖爲演前餐。

盧遂顯博士與太太陳十美在工作室。

五、北京青年參考

題目－美籍華裔物理學家盧遂顯，借 "固態水" 打破中西醫隔閡

本報特約撰稿　修武（2016 年 08 月 03 日 23 版）

我們常說 "水是生命之源"，水與身體健康的關係毋須多言，古今中外，有關如何為人體補水、保水的民間智慧和科學研究更是汗牛充棟。然而，提到 "固態水" 這樣一個概念，人們還是會感覺很陌生，更不知曉，它與 "經絡" 這一中醫傳統概念有何交集？

據美國《華人》雜誌報導，科普 "固態水" 的知識，是美國芝加哥大學物理學博士、曾任加州理工學院客座教授的盧遂顯的志向。作為這一概念的創造者、提倡者，盧遂顯認為，"固態水" 及其衍生出的產品不僅能帶來商業價值，也可以扮演打通中西醫之間隔閡的橋樑。

平日以物理學家身份示人的盧遂顯，其前半生的教育背景和工作經歷，看起來與中國傳統醫學並無交集。但他表示，因為從小就對中國文化極為關注，走上科研道路後，他一直懷有將西方科學與中國文化融合的念頭，目的是讓二者形成互補，更好地造福人類。

近日，在接受《華人》雜誌採訪時，盧遂顯稱，這便是促使他於上世紀 80 年代中期放棄在澳大利亞墨爾本大學的教職，返回美國，投身于對 "水" 的研究的初始動機。

按照他的解釋，"固態水" 或 "經絡水" 只是通俗說法，支撐二者的核心是固態水粒子（water particles）或稱 "穩定水

團”（Stable Water Cluster）這一概念。自上世紀90年代初開展研究後，盧遂顯在同事幫助下逐步完善了相應的背景理論；簡而言之，“固態水”區別于普通水的關鍵，就在於前者的水分子是以一定之規排列的，而化學成分並未發生變化，不含其他雜質和元素。

就實際應用而言，盧遂顯強調，“固態水”本身不能充當藥物，無法治癒疾病，但是，在促進人體自我修復、提高自癒能力這方面，它可以發揮正面作用。為此，他在研究過程中嘗試引入了人體熱像圖等手段，以確證“固態水”對生理活動的影響。

那麼，站在中醫視角，“固態水”的作用機理是否經得起推敲？盧遂顯不止一次借用針灸來說明這個問題。他指出，西醫重視細胞、器官或單一系統，診病時卻沒有大方向；中醫剛好相反，追求的是將分屬不同系統的問題一次性解決。正如針灸的原理在於通過物理刺激“打通”經絡以驅除疾病一樣，“固態水”同樣有助於疏通經絡，啟動人體的自癒能力。為此，他在2009年和2013年完成兩部英文著作，從各個方面為自己的學說提供佐證。

談到坊間長期熱議的“中西醫結合”，盧遂顯認為，這可能代表了醫學發展的某種趨勢。中醫是一門基於數千年歷史的學問，因此在普通人眼中很“玄”，但他相信，隨著物理學的發展，中醫終有一日能站在科學的基礎上，他對“固態水”的研究就是這方面的探索。

從大處講，今日的中國在經濟領域頗有建樹，但文化相比西方依然處於劣勢。就此而論，提升中醫的國際地位，對打造“文化中國”的正面形象頗有好處。盧遂顯在被《華人》問及這方面的話題時表示，中西醫有必要在理論層面尋找共同語言，近年來方興未艾的量子科學或許是個突破口，對量子物理視野下的中醫，不妨稱之為"量子醫學"或"整體醫學"。

眾所周知，中國傳統醫學強調經驗積累，往往讓人覺得"神秘"而卻步。這也解釋了盧遂顯近 20 年來為何不顧資金和條件限制，堅持與"水"打交道——在他看來，攻克與"固態水"有關的謎團，有利於我們以現代物理學為工具，讓中醫從哲學走向科學。

"年輕的科學家要全面宏觀地觀察整個社會和科學的發展趨勢，選擇自己力所能及的科目進行研究，在能創新的地方花大功夫做出成績來。"結合自己的職業生涯，盧遂顯總結道。更重要的是，科學家需要具備這樣一種基本素質，即追求真理，並且能把真理向別人解釋明白，"同時，對你所追求的真理的應用，要負起道德責任"。

六、洛杉磯城市雜誌
《盧遂顯博士研究固態水粒子造福人類》

1. 人体经络水团组成

2. 人体修复 自愈力强

水團」研究報告的教授來自加州大學洛杉磯分校、南加大、加州理工學院、華盛頓大學及史丹福等校，研究人員遍布全球各地，他們在各種實驗中發現，包括 DNA、幹細胞、人體心臟、甲狀腺、運動能等都對「穩定水團」有良好反應。

人體修復 自愈力強

盧遂顯博士表示，經過長達 15 年的實驗，發現這種特殊分子團結構的雙螺旋水，是至今為止來被發現的一種水的特殊分子形態。且這種形態的水是人體的基本構成成分，對幫助人類經絡有顯著功效。在對小白鼠的實驗中，發現雙螺旋結構水，對包括自閉症、皮膚癌等有神奇的作用，有 60% 和 80% 的治愈率。「穩定水團」的物理、化學、生物特性的新發現，它是一種新的固態水，在常溫常壓下不溶解的固態。

20 年前，這種水團已經預測和發現，現在經過多年及各大學相關著名教授、優秀研究員、醫生等研究實驗後彙集了新的眉睫，研究結果：在疾病、健康問題上這種「穩定水團」對自閉痙、糖尿病及各種慢性病等，長期服用都會有一定作用，對一般人的能量、注意力、疼痛都有改善，但這並不意味著固態水粒子可被當作包治百病的神藥，固態水粒子本身並不是藥物，不能治愈任何疾病，它最大的作用是促進人體自我修復，提高自愈能力。

2013 年，美國加州大學洛杉磯分校免疫系教授本杰明．邦納維達（Benjamin Bonavida）對固態水粒子進行雙盲實驗，證實了盧遂顯博士研究成果。目前，大多數專家都是這樣斷言，人體各處，而雙螺旋水這種特殊結構和尺寸的水分子團可以直接到達細胞的層面發揮作用，這懷著可以研究出一種安全的革命性的治療方法來治愈眾多的嚴重疾病。盧遂顯博士以物理中發現的穩定水團來解釋中醫經絡，尚西方證實人體「經絡」和「氧」的真實存在，這些研究成果的部份結果在 2013 年加州理工學院會議中發表。「

物理講師 發明專利

1962 年，盧遂顯博士畢業於伊利諾斯大學，是物理系最高榮譽畢業生；1966 年，他獲得芝加哥大學博士學歷，期間參與了由 2008 諾貝爾物理學得獎者南部陽一郎博士帶領的研究小組。他是超過 30 個發明專利的擁有人，包括核能、相干的玻色子、中文文字、計算機處理器、穩定水團、新型省電高質蒸餾水器、石油催化劑、外氣科學研究記錄片等，他曾到世界各地一流大學教學演講，如加州理工大學、中國北京科學院、史坦佛直線加速器中心、紐約州立大學石溪分校。

盧遂顯博士曾是澳大利亞墨爾本大學高級物理講師，他曾於 1987 年編舊出版《漢字的科學研究》一書，以定量計算的方式，證明方塊字的優越性，他 40 年卓越的學術研究生涯，在世界公認的期刊發表了超過 75 份科學論文，擁有超過 60 份原子和亞原子美國或世界認可的專利証。他和加州理工大學、加州大學洛杉磯分校合作，帶領世界著名科學家，如約翰森卓越獎等離子物理研究得獎者，加州洛杉磯分校的教授黃耀輝，和哈佛教授丘成桐，研究證明革命性的高能量光束和多種通信和能源應用理念。
[▷]

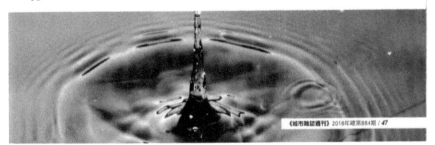

3. 物理讲师 發明专利

七、美國世界日報 U-視頻访问－新冠病炎的預防。

2020 年 6 月

1. 什麼看疫苗赶不上新冠病毒的变異？

1：問，有人說疫苗趕不上新冠病毒變異的速度，你怎麼看呢？

盧博士答：哈哈，這個就像中國人常說的「計劃趕不上變化。」製造疫苗是專家科學家的事情，需要長時間，所以呢我一直強調預防！　預防的重要　是不叫自己到生病的時候，才到處求醫的那個嚴重地步。　。但是預防是必須自己馬上做的。比如每天喝一口能消滅病毒的「经络水，」每天外出之前回家之後噴一下經絡水，這都是輕而易舉的自我預防工作，這麼簡單，就可以把這個危害生命的病毒擋在体外，只有　愛惜自己生命，採取有效措施立即預防，立即行動，才是保護自己及全家的重中之重。

2. 什麼看中醫药治療新冠病毒？

2：问，中國強調中醫藥的療效你怎麼看？

盧博士答：我是百分之百的贊成，但是中藥是需要時間培養。像現在全球有幾百萬的病患，供应所需的中草药，恐怕就來不及了。還有像中醫經典說的凡藥 3 分毒，再來就是中藥目前還沒有足夠的現代科學證據去說清楚，特別是不懂经络的西方人，還不能普遍的接受。

3. 中醫什样才能量子化？

3:问，近幾年來，我看到你很多著作和論述，一直在倡議中醫必須量子化，並有「量子中醫之父」的美譽。中醫到底怎麼樣才能夠量子化呢？

卢博士答：這個問題問的很好，簡潔的說，這個也就是我花了大概近 30 年的時間以高科技物理理論的最高境界「量子場論」結合中醫十四條經絡的精髓才得出了兩個高科技量子中醫的產品。第一個高科技的产品經絡水，价廉物美，容易攜帶，方便飲用，功能類似针灸 ，另一個高科技的量子中醫产品「高分辨率的紅外體檢儀」就是能夠快速精準在 30 分鐘內以 14 條經絡為基礎檢查出人體健康狀況的分析報告 。我們強調不找醫生、不吃有副作用的藥、不動可怕手術、不必忍受疼痛，飲用經絡水的，雙管齊下的科技養生行動。能使亞健康的人，變健康，健康的人更健康！高效簡便！是現代預防醫學的重磅。

4. 如何证明经络水能在体内杀病毒？

4；问，根據你剛才說的喝經絡水能在體內殺病毒，可有什麼証明？

卢博士答：有的，首先我們有 FDA 無毒無害的六種測試的註冊，還有廣州和北京微生物檢測中心，查驗經络水中的「固態水粒子， 」能夠在一分鐘或更短的時間內殺滅病毒在百分之 60 幾到 80 多之間的報告證明。

5. 除了饮用之外，出门前后喷经络水防病毒亦有极大帮助。

5:问，剛才聽你也提到出门前回家后喷灑經絡水於面部五官，那又是什么作用？

　　卢博士答：一樣的道理，因為经络水有殺病毒作用，所以特別在目前疫情高峰期间，内飲和外用双管齐下，外加口罩和洗手的清洁裝備和習慣，一定能完美達到最佳預防水平。

附录貳：物理學家盧遂顯博士簡介，荣誉，

醫學相关論文集，及中英文著作

一、经历

- 量子健康研究所所長 2004年 － 現任

- 美國東亞文教基金會董事長（2004年 － 現任）

- 美國全方位生命科研中心執行董事 2015年-現任

- 美國特殊醫學大學中醫研究博士班教授 2000年－ 現任

- 美國中醫雜誌高級諮詢委員會會員 2015 －現任

- 全面中西醫結合學院教授，巴拿馬 2015 - 現任

- 加州理工學院化學系訪問教授 1994年 － 1998年

- 美國科技集團上市公司首席科學家、副總裁 1992年 －
2000年

- 玻色子研究院總裁 1987年 － 1992年

- 中國廣州中山大學物理教授（1992年 － 1995年）

- 澳大利亞墨爾本大學高級物理講師终生教授，博士导师
（1972年 － 1986年）

- 芝加哥大學理論物理博士1966年

- 伊利諾斯大學最优學士1962年

- 英國牛津大學、德國柏林大學、美國史坦佛大學、加拿大馬基大學，中國科學院高能所，中國科學院理論物理所，新加坡南洋大學，新加坡大學等超過十所世界著 名大學物理訪問教授

二、榮譽：

- 澳大利亞物理學會大學研究院榮譽社團高級會員
- 馬克的世界名人錄（2000 年 – 現在）
- 美國馬克名人錄（1996 年 – 現在）
- 美國馬克科技人員名人錄（1996 年 – 現在）
- 美國馬克终生成就奖

專業論文：超過百篇同行專家審核的專門論文，包括在醫學、物理、化學、氣象學、哲學、文字學和中醫等七個領域。

發明：超過三十個發明專利的擁有人、包括：核能，相干的玻色子、中文文字、計算機處理器、穩定的水團、IE 晶體、固態水粒子、新型省電高質蒸餾水器、石油催化劑，外氧的科學研究記錄片等。

教學經驗：高能物理博士碩士生的導師、中醫博士生的導師。課程包括：量子理論、粒子物理、電磁學、古典力學、熱力學、統計力學、人生的量子理論、儒家與量子理論的結合等。

曾應邀至南京生物技術國際會議、南加州針灸公會、香港中文大學、廣州中山大學、上海金世界華人物理學會，北加州

ION 西醫研討會、台灣中央研究院原子分子研究所、中央大學、台北醫科大學、中國文化大學、澳洲墨爾本大學、美國南加州大學、西醫針灸年會、世界華人物理學會年會等高等學院與中西醫研究組織發表專題演講。

三、在美國各大國際專業的雜誌發表有关固態水粒子醫學英文著作

1.   Shui-yin Lo, A. Lo, WC Li, Li TH, Li HH, and Xu Geng, Physical properties of water with IE structures, Modern Physics Lett. B, v 10(1996) 921-930固態水粒子的物理性質（1996）

2.   Shui-yin Lo and B Bonavida: Proceedings of First Int. Sypm. Of Physical, Chemical, and Biological Properties of Stable Water (IE) Clusters   固態水粒子第一次國際論文(World Scientific 1998)

3.   Shui-yin Lo and W. C. Li and S. H. Huang, Water clusters in Life, Medical Hypotheses v 54(6),948-953，2000固態水粒子在生命的重要性

4.   Shui-yin Lo and W. C. Li, Nanostructures in very dilute aqueous solutions, Russian Mendeleev Journal of Chemistry 541.6:54-145.3, p41-48 固態水粒子的納米級結構

5.   Shui-yin Lo, Meridians in acupuncture and infrared imaging, Medical Hypotheses

6.   v58, 72-76 (2001) 。 用紅外線系統來拍熱像圖，研究經絡和針灸

7.　Shui Yin Lo, Evidence For Exponential Decay Behavior in Pain Relief by Acupuncture, Medical Acupuncture, v 18, No 1, 2006 針灸後反應以指數公式降低

8.　Shui Yin Lo, Evidence and Mechanism of External Qi in Chinese Medicine, Medical Acupuncture, V 19, N0. 4, 201, 2007. 外氣存在的證據和它的機理

9.　Shui Yin Lo, Diagnostic, Treatment, and Prevention of Autism, American Journal of Chinese medicine, vol 40, No.1 39-56(2012) 檢測、醫治和預防自閉症

10.　Shui Yin Lo, Xu Geng, and David Gann, Evidence for the existence of stable water-clusters at room temperature and normal pressure, Physics Lett A 373 3872-3876(2009)　　固體水粒子的科學證據

11.　Shui Yin Lo, Stable Water Clusters, Meridians, and Health, International conference of Water and Health, p.193-220, at California Institute of Technology, Pasadena, CA, USA, Guest editors: Benjamin Bonavida, and Shui Yin Lo, Vol 3, issue 3-4, Begell House 2012. 第二次水和健康的國際會議，在加州理工學院舉辦，負責人是盧遂顯博士和UCLA的本傑明博納維達博士（2012）

12.　Shui Yin Lo, R. Velasquez, and H. Chu: Case Study of Autistic Subjects with Stable Water Clusters in Panama.p.267-280, at California Institute of Technology, Pasadena, CA, USA, Guest editors: Benjamin Bonavida, and Shui Yin Lo, Vol 3, issue 3-4, Begell House 2012. 固態水對自閉症的臨床實驗報告

13.   A. Lo, J. Cardarella, J. Turner, and Shui Yin Lo: A soft Matter State of Water and the Structures it forms, p. 237-252, at California Institute of Technology, Pasadena, CA, USA, Guest editors: Benjamin Bonavida, and Shui Yin Lo, Vol 3, issue 3-4, Begell House 2012. 固態水粒子是軟件組織

四、在《今日針灸》雜誌發表用量子科學角度分析理解有关中醫的英文文章

1.   Molecular Basis of Meridians April 2009 (Vol. 10, Issue 04) 經絡的物質基礎

2.   Acupoints for Thyroid Disorders August 2008 (Vol. 09, Issue 08) 甲狀腺的穴位

3.   Customized Diagnosis, Instant Verification and Personalized Modality April 2008 (Vol. 09, Issue 04) 個人診斷的實例

4.   Perfect Symmetry, Perfect Health January 2008 (Vol. 09, Issue 01) 完善對稱，完善健康

5.   Warming Up and Cooling down Simultaneously by External http://www.acupuncturetoday.com/mpacms/at/article.php?id=3161 4November, 2007 (Vol. 08, Issue 11) 外氣能同時使人加溫和降溫

6.   A Sign of Serious Disease: Heating Up the Body with External Qi

7.
        http://www.acupuncturetoday.com/mpacms/at/article.php?id=

31582 September, 2007 (Vol. 08, Issue 09) 疾病的徵兆：身體溫度升高

8.　Oscillating Nature of Recovery from Serious Sickness July 2007 (Vol. 08, Issue 07) 病症中推動自然恢復

9.　Predictive Power of Meridian Theory May 2007 (Vol. 08, Issue 05) 經絡理論的預測

10.　Improve　　　　Your　　　　Brain　　　　with Qihttp://www.acupuncturetoday.com/mpacms/at/article.php?id=31 484 March 2007 (Vol. 08, Issue 03) 用氣來改善你的大腦

11.　How Many Different Kinds of Lower Back Pain Are There? January 2007(Vol. 08, Issue 01) 背痛的種类

12.　Are You Ready for the Bird Flu Yourself? November 2006 (Vol. 07, Issue 11) 面對禽流感準備好了麼？

13.　How Soon Does Acupuncture Begin to Work? September 2006 (Vol. 07, Issue 09) 針灸什麼時候有效？

14.　Breast Cancer, Breast Abnormalities, and Infrared Imaging November 2005 (Vol. 06, Issue 11) 乳腺癌、乳房異常及感染的紅外線圖

15.　Infrared Evidence for External Qi，July 2005 (Vol. 06, Issue 07) 證明外氣的證據

16.　How does moxibustion Work Scientifically? February 2005 (Vol. 06, Issue 02) 針灸如何起到科學的作用？

17. What Is Qi? Can We See Qi? September 2004 (Vol. 05, Issue 09) What Are Acupoints? Can We See Them? May 2004 (Vol. 05, Issue 05) 什麼是氣？什麼是穴位？我們能看見麼？

18. What Are Meridians? Can We See Them? March 2004 (Vol. 05, Issue 03) 什麼是經絡？可以看到嗎？

19. Old Pain, New Pain, Hot Pain and Cold Pain January 2004 (Vol. 05, Issue 01) 有关新老病痛及冷热点

20. Diabetes and Acupuncture November 2003 (Vol. 04, Issue 11) 糖尿病及針灸

21. How Does Infrared Imaging Help Acupuncture? June 2003 (Vol. 04, Issue 06) 紅外線圖對經絡的幫助

五、在美國《世界周刊》專欄《中醫論壇》發表的文章：

1. 《經絡存在的證明》

2. 《健康是什麼》

3. 《經絡、分子、細胞和網絡》

4. 《量子中醫的生命科學和健康醫療中最尖端的科學》

5. 《自閉症的治療和預防》

6. 《中醫診斷新武器》

7. 《量子中醫》

六、出版的英文書籍

1.　Lo, Shui-yin,　《Biophysics basis for acupuncture and health》(Dragon eye press) 2004　《針灸健康基礎》

2.　LO, Ip, J.S., Lo, S.Y., Wong, C.Y.,　《Joy of the Search for Knowledge,》 Attribute to Professor Dan Tsui，1999　《尋求知識的快樂》歸功於諾貝爾獎得主崔琦教授

3.　Lo, SY, Bonavida, B.,　《First International Symposium of on the Current Status of the Physical, Chemical, and Biological Properties of Stable Water (IE) Cluster》，edited by being published by World Scientific Publishing Co., Inc., 1997　第一次固態水粒子的物理、化學、生物的國際論文集

4.　Lo, S.Y.,　《Geometrical picture of hadron Scattering》, World Scientific Publishing Co., Singapore, 1986《強子碰撞的幾何模型》

5.　《Autism and Stable Water Clusters- Physics and Health: a Picture book》, Quantum Health Research Institute, 2013,Author House《自閉症和固態水粒子（圖文）》

6.　Lo, Shui Yin,《Meridian and stable water cluster: physics and health A picture book》，2013，《經絡和固態水粒子（圖文）》

7.　Lo, Shui Yin, Bonavida, editor, international conference ” Water and health ” at California Institute of Technology ,2013,Begell house inc. publisher　水和健康的國際會議，在加州理工學院舉行。

8.　Lo, Shui Yin: Acupuncture & Infrared Imaging (2018) 红外线图與针灸。

9.　Lo, Shui Yin: Standing on the shoulder of Richard Feynman to teach physics better (2018)

七、出版的中文書籍

1.　《固態水粒子對自閉症的幫助》2020年修订再版

2.　《求知樂——記崔崎學長榮獲物理諾貝爾獎》（1999年）

3.　《漢字的科學研究》（1989年）

4.　《建構經絡的固態水粒子》（2020年）

5.　《从新冠病毒到超级健康》（2016年初版 ·2020年修订再版）

6.　《當代養生預防醫學的重磅》（2020年）

7.　《能战胜癌症的固態水粒子》（2020年）

后記

　　首先，要向本書所有案例最辛苦，也是最具爱心的自閉症兒童家长致以衷心的感谢，您們照顾孩子的耐心热情已经赢得所有人的同情和敬佩，你们的詳细的觀察报告和合作是我研究最宝贵的基础。同时我也要感谢我最初的三位得力助手，Penelope Torribio，Holly Chu 和 Paul Tram 。他們為這本書英文原著版，花了很多時間，结合了中醫經絡、西醫紅外線圖和稳定水團來研究自閉症。负责计算和分析我们研究的原始数据。他们的深厚科學训练，计算计的技术结合东方醫學的精華，使這本英文原著很快順利地完成。

　　也要向我妻子陈十美致敬，她使用含蓄、严谨和优雅的方式，帮助我逐一实现一生中各種帮助人类的理想计划。同时结合陈长恒博士和台湾心理學者余伯泉博士整理第一個中文译本，得以在台湾出版。最后更要感谢多年的好友，科學出版界权威，前南洋理工大學高等研究院院长潘國驹和夫人赖雪娜的鼓励使得自閉症這本醫學研究的重要文献得以再次修订在广大的中國市场问世，嘉惠更多祖國自閉症兒童的家庭参考，并期望家长们多多参與实验，成為這個伟大研究工程的功臣。

治療和預防自閉症的科學研究

作　　者/盧遂顯（Shui-Yin Lo）

出版者/美商 EHGBooks 微出版公司

發行者/美商漢世紀數位文化公司

臺灣學人出版網：http：//www.TaiwanFellowship.org

地　　址/106 臺北市大安區敦化南路 2 段 1 號 4 樓

電　　話/02-2701-6088 轉 616-617

印　　刷/漢世紀古騰堡®數位出版 POD 雲端科技

出版日期/2021 年 6 月

總經銷/Amazon.com

臺灣銷售網/三民網路書店：http：//www.sanmin.com.tw

　　　　三民書局復北店

　　　　地址/104 臺北市復興北路 386 號

　　　　電話/02-2500-6600

　　　　三民書局重南店

　　　　地址/100 臺北市重慶南路一段 61 號

　　　　電話/02-2361-7511

全省金石網路書店：http：//www.kingstone.com.tw

定　　價/新臺幣 1200 元（美金 40 元 / 人民幣 250 元）

Lightning Source UK Ltd.
Milton Keynes UK
UKHW020541040621
384916UK00007B/67